DÉPOSITION

DE

M. THIERS

DANS L'ENQUÊTE OUVERTE SUR LES BANQUES

ET

LA CIRCULATION FIDUCIAIRE.

PARIS. — TYPOGRAPHIE DE HENRI PLON

IMPRIMEUR DE L'EMPEREUR

RUE GARANCIÈRE, 8.

DÉPOSITION

DE

M. THIERS

DANS L'ENQUÊTE OUVERTE SUR LES BANQUES

ET

LA CIRCULATION FIDUCIAIRE

SÉANCE DU 27 JUILLET 1866.

PARIS

LHEUREUX ET Cⁱᵉ, ÉDITEURS

34, RUE DE SEINE

1867

ENQUÊTE

SUR

LES BANQUES ET LA CIRCULATION FIDUCIAIRE.

SÉANCE DU VENDREDI 27 JUILLET 1866.

PRÉSIDENCE DE S. EXC. M. ROUHER,

MINISTRE D'ÉTAT.

La séance est ouverte à une heure.

M. FRÉAUFF-OZENNE, *secrétaire du conseil supérieur*, donne lecture du procès-verbal de la séance du 6 janvier 1866.

Le procès-verbal est adopté.

M. DE LAVENAY, *commissaire général*. Je suis chargé par MM. Ferdinand Barrot et Michel Chevalier de les excuser auprès du conseil supérieur : ils sont en ce moment éloignés de Paris.

M. LE PRÉSIDENT. En effet, M. Michel Chevalier m'a écrit pour m'en avertir.

Est introduit :

M. THIERS, député au Corps législatif.

M. LE PRÉSIDENT. Nous vous avons, Monsieur, complétement réservé la séance d'aujourd'hui, et nous sommes prêts à vous entendre, très-heureux et très-reconnaissants que vous vouliez bien aider à nos travaux par vos lumières et votre expérience.

Vous devez avoir entre les mains le Questionnaire; mais vous n'êtes aucunement assujetti à en suivre l'ordre, et vous pouvez choisir celui dans lequel vous voudrez exposer vos idées et traiter les questions.

M. THIERS. J'ai en effet reçu le Questionnaire, mais je n'ai malheureusement pas eu le temps de faire ce qui chez moi est une habitude constante, parce que c'est à mes yeux la condition de la clarté, c'est-à-dire de mettre un peu d'ordre dans mes idées. Distrait depuis quelques jours par des soins de voyage, il ne m'est pas resté un moment pour le travail. J'espère cependant qu'au milieu des incidents du présent entretien, je finirai par trouver l'ordre nécessaire, et si je ne réponds pas aux questions conformément à la suite adoptée par le Questionnaire, elles finiront toujours par arriver, et dans tous les cas M. le commissaire général voudra bien me rappeler celles que j'aurais pu omettre.

Je n'ai pas besoin, Messieurs, de vous dire que j'ai toujours été partisan du véritable crédit, c'est-à-dire du crédit très-solide. Par ce motif j'ai toujours été l'adversaire (et à cet égard l'expérience n'a fait que me confirmer dans ma façon de penser), j'ai, dis-je, toujours été l'adversaire de ce qu'on appelle faussement aujourd'hui le crédit, et de ce que j'appelle, moi, le discrédit, c'est-à-dire de tous les établissements légèrement fondés sous le prétexte d'accroître les capitaux, et d'accélérer le mouvement des affaires. Je ne crois pas du tout à cette espèce de crédit, je n'y ai jamais cru. Je l'ai prouvé dès ma jeunesse en écrivant comme je l'ai fait sur le système de Law. J'y crois encore moins aujourd'hui.

Le vrai crédit (il faut mettre de côté les mots de convention), le vrai crédit c'est la confiance.

Oh! la confiance fait des merveilles! On a dit

que la foi soulevait les montagnes; c'est la confiance qui les soulève, et en toutes choses, dans les affaires publiques, dans les affaires commerciales comme à la guerre. La confiance est tout en ce monde, et je suis le partisan ardent du crédit fondé sur elle.

A la différence d'un homme d'infiniment d'esprit, dont j'ai lu avec beaucoup d'intérêt les écrits sur la question qui nous occupe, M. Cernuschi, je ne dirai pas qu'il faut détruire le billet de banque, non, mais je suis d'avis qu'en l'admettant dans la circulation, il faut le faire reposer sur des bases infaillibles, s'il y a, bien entendu, quelque chose d'infaillible ici-bas. A d'autres conditions, il faut le repousser résolûment, et alors M. Cernuschi a tout à fait raison, et je me range à son opinion. Mais est-il possible de donner au billet de banque de telles bases? Je le crois, et je vais m'expliquer positivement à cet égard.

Toutefois je ferai encore une réflexion avant de m'engager dans ce grave sujet. Je ne sais si les débats qui se sont élevés, et qui s'élèveront encore entre M. le ministre d'État et moi sur les questions économiques, donneront quelque à propos à la réflexion que je vais vous présenter, mais je ne saurais vous la taire.

On ne cesse de parler aujourd'hui de la liberté du commerce : quant à moi, je demande à séparer cette question de celle de la liberté des banques. Ce sont deux questions totalement différentes, et on peut en citer pour preuve un exemple frappant. L'homme le plus sévère à l'égard des établissements de crédit a été M. Peel, et il était certainement aussi libre-échangiste que M. Rouher. On peut donc parfaitement séparer les deux choses.

Je reconnais qu'à l'égard de la question commerciale, il s'est produit des faits nouveaux. Oui, assurément, lorsqu'une grande nation comme l'Angleterre, qui a vécu sous le régime protecteur et y a fait sa fortune, vient à le considérer comme un vêtement usé, à le mettre de côté, et à vouloir se présenter au monde sous un tout autre vêtement, celui de la liberté du commerce, je reconnais non pas que les principes essentiels ont changé, mais qu'il y a des faits nouveaux à observer, des faits pouvant donner naissance à des questions nouvelles, à des questions qu'il est légitime de poser, urgent de discuter, nécessaire de résoudre, mais de résoudre avec une extrême prudence. Quoique très-arrêté dans ma façon de penser à ce sujet, j'observe ces faits nouveaux, car j'ai la prétention de n'être pas un esprit fermé. Je pense, quant à moi, que l'exemple de l'Angleterre n'a rien de concluant pour la France, à cause de la différence des situations, mais je répète qu'il y a là des faits nouveaux, dignes d'attention s'ils ne sont pas dignes d'imitation, surtout d'imitation immédiate. En matière de crédit, au contraire, il n'y a pas de faits nouveaux. Je maintiens que tout ce qu'on a essayé récemment en Angleterre, où l'on est actuellement bien revenu du faux crédit, est vieux comme le monde.

De même qu'en médecine, c'est par la maladie qu'on apprend à bien connaître la santé, et par la santé la maladie, en histoire, c'est en observant tour à tour la misère ou la prospérité des peuples, qu'on découvre parfaitement toutes les causes dont elles sont l'effet.

Eh bien, remontez dans le passé, prenez le système de Law, prenez ses écrits, qui sont très-spirituels, quelquefois même profonds, prenez l'histoire des banques du moyen âge, qui est très-curieuse et très-instructive, et sans remonter même si haut, prenez l'histoire des banques de Hambourg, d'Amsterdam, de toutes les banques, en un mot, des deux derniers siècles; allez en Amérique, et vous retrouverez toujours les mêmes phénomènes. Les novateurs en matière de crédit n'ont rien inventé, rien absolument, pas même ces crises déplorables, qui malheureusement ne font que se reproduire à chaque époque, et ne sont nouvelles, ni quant à leurs causes, ni quant à leurs désastreuses conséquences.

Je prendrai pour exemple ce qui se passe en France.

Je le demande à tout homme de bonne foi et de bon sens, en considérant le vaste établissement qu'on appelle la Banque de France, dont l'organisation n'est pas parfaite sans doute, mais dont la conduite a été constamment sage depuis trois quarts de siècle (je l'ai, quant à moi, observé avec une attention extrême, et j'ai eu beaucoup à faire avec lui, soit comme homme de gouvernement, soit comme membre des chambres), en considérant cet établissement et en le comparant à tout ce qu'il y a de pareil dans le monde commercial, je me demande comment, en voyant sa solidité inébranlable au milieu de tant de révolutions, on n'est pas vivement frappé de ses avantages, et si on ne doit pas le préférer à tout ce qui existe ailleurs. Certes, les Anglais qui ont vu tant de banques se précipiter les unes sur les autres, qui ont vu leur célèbre Banque ébranlée, l'intérêt à 9 et 10 pour cent chez elle quand il était à 4 chez nous, qui voyaient 750 millions d'or et d'argent à Paris, tandis qu'ils étaient à court de numéraire à Londres, et qui souffrent depuis un an d'une crise dont la longueur a peu d'exemples, les Anglais ont été saisis d'une jalousie qu'ils n'ont pas dissimulée, et ils ont eux-mêmes reconnu la solidité du commerce français, dont la Banque de France était à la fois la manifestation et la cause en grande partie. Pour moi, en présence de ce fait capital, la question est pour ainsi dire résolue.

Vaut-il mieux en effet avoir mille petites banques, qui spéculent, qui agiotent à l'envi les unes des autres, et qui finissent par des crises désastreuses, ou bien un grand établissement national, qui soit à la fois l'appui du commerce et du gouvernement dans les moments difficiles, et qui, dans ces moments, loin d'être l'effroi de tous, soit au contraire leur sécurité et leur salut? Pour moi je n'hésite pas, et ma préférence est décidée. Oui, sauf quelques accidents qui ont eu lieu à certaines époques, et dont la Banque de France n'est vraiment pas responsable, elle est l'établissement de crédit qui s'est le mieux conduit, et qui s'est montré le plus solide. Il n'a pas été infaillible, car personne ne l'est, mais à part quelques fautes que j'examinerai tout à l'heure, il a été un modèle de bonne conduite, et si on réformait dans son organisation un petit nombre de dispositions de date récente, à mon avis, il ne laisserait rien à désirer.

Je n'ai pas besoin de vous affirmer que je n'ai en ces matières aucun intérêt personnel qui puisse m'aveugler. J'en parle en philosophe pour ainsi dire, en observateur, et j'ose ajouter en homme d'État ne méprisant pas la théorie, mais ne lui donnant confiance que lorsqu'elle est d'accord avec la pratique.

Quelle a été l'origine et la nature des discussions

soulevées à propos des banques ? On vous a dit : La Banque de France repose sur un monopole ; ce monopole, elle en abuse étrangement. Elle refuse des secours au commerce lorsqu'il en a besoin, et souvent elle les lui fait payer fort cher. On pourrait organiser le crédit tout autrement ; on pourrait avoir des établissements nombreux, qui en se faisant concurrence les uns aux autres procureraient beaucoup plus de ressources au commerce, les lui feraient payer moins cher, multiplieraient les capitaux circulants, et imprimeraient aux affaires une immense impulsion, etc., etc.... — Vous savez tout ce qu'on a dit là-dessus ; je ne le répéterai pas, crainte de vous fatiguer inutilement.

Aujourd'hui il se produit une réaction remarquable.

Je vous parlais il y a quelques instants de M. Cernuschi. Voilà que l'amour excessif du papier de banque fait naître un ennemi acharné de ce papier ! Vous avez entendu M. Cernuschi, et ceux qui ne l'ont pas entendu ont pu lire son travail. Je l'ai lu quant à moi, et lu, je le répète, avec beaucoup d'intérêt. Je n'ai pas l'avantage de connaître M. Cernuschi; c'est un homme d'un esprit vif et original; je ne partage pas toutes ses opinions, mais ce qu'il a dit va me servir de thème pour discuter le principe même du crédit, car je m'occuperai d'abord de la théorie et de la pratique ensuite.

M. Cernuschi dit : Le billet de banque est de l'*or supposé*.

M. Cernuschi a raison d'être l'ennemi de l'*or supposé* : je suis son ennemi, moi aussi, mais ce qui fait que je n'ai pas comme M. Cernuschi la haine du billet de banque, c'est que je crois qu'on peut disposer les choses de manière que ce ne soit pas de l'*or supposé*, que ce soit au contraire de l'or bien réel.

M. Cernuschi ajoute : C'est une fraude que cet *or supposé*. Un pays peut avoir beaucoup d'or (et j'entends par or les métaux précieux en général), un pays peut avoir beaucoup d'or, ou en avoir peu, et c'est chose tout à fait indifférente. Après la découverte de l'Amérique le monde n'en a pas été plus riche; seulement il y a eu plus de métaux précieux dans la circulation. Les métaux précieux sont entrés en balance avec la même somme d'objets achetables, et alors qu'est-il arrivé? Tous les objets achetables ont acquis plus de valeur; il a fallu plus de métaux précieux pour se les procurer, et ces métaux se sont discrédités. Donc qu'il y ait beaucoup de métaux, qu'il y en ait peu, la chose revient au même. Que fait-on lorsqu'on accorde à un établissement la faculté d'émettre du papier? rien autre chose que de lui donner la faculté de créer de l'or, non pas réel mais supposé, comme qui dirait de la fausse monnaie. On lui donne d'abord la faculté d'augmenter la masse du numéraire circulant, et, en augmentant le numéraire circulant, de ne rendre en réalité aucun service. Secondement on fait tort à tous ceux qui possèdent des métaux précieux, à la société française par exemple qui en possède quatre ou cinq milliards, et on a remplacé ce numéraire par quoi? par du papier, c'est-à-dire par une monnaie fictive, la plupart du temps sans valeur. Pourquoi concéder une semblable faculté n'importe à quel établissement, la Banque ou un autre? C'est un monopole, un monopole à mauvaise fin, qui ne peut que nuire. Il faut détruire ces sortes d'établissements, etc.... —

Je crois que je rends à peu près exactement l'opinion de M. Cernuschi, et que je ne dépasse pas sa pensée. Je fais cas de son esprit, et je trouve qu'il n'est pas mal que si le papier rencontre de chauds partisans, il rencontre aussi des adversaires qui lui disent son fait.

M. LE PRÉSIDENT. Si ce n'est pas un principe, c'est un frein ?

M. THIERS. C'est un frein. Vous le définissez parfaitement, et je ne veux pas en donner d'autre définition.

Cette manière de raisonner nous fournit l'occasion de préciser la vérité avec une extrême rigueur.

Je dirai d'abord que ce n'est pas chose indifférente qu'il y ait peu ou beaucoup de métaux circulants. Il y a entre les besoins de la circulation et l'instrument de cette circulation une proportion nécessaire, à laquelle il n'est pas permis de manquer sans inconvénient. Cette proportion on ne peut la préciser numériquement. On reconnaît seulement qu'elle est violée lorsqu'on est arrivé à l'excès dans l'un ou l'autre sens. Il en est du corps social comme du corps humain. C'est au malaise qu'on s'aperçoit du trop ou du trop peu. On ne sait pas exactement ce qu'il faut de sang dans le corps humain, mais y en a-t-il trop, on le sent bien vite, et la médecine en retranche. N'y en a-t-il pas assez, on le sent encore, et la médecine ordonne les aliments capables de le produire. Il en est de même dans la société. Il faut une masse de métaux précieux servant à la circulation, c'est-à-dire aux transactions quotidiennes sous toutes les formes, sous ces milliers de formes qu'on rencontre dans la vie civilisée. Si les agents de la circulation, métaux précieux ou papier, manquent, les transactions deviennent difficiles. Soit qu'on achète, soit qu'on vende, on a de la peine à payer ou à se faire payer, et ce malaise est l'indication certaine qu'un des grands besoins sociaux n'est pas complétement satisfait. Même en pleine prospérité commerciale, on peut avoir ce qu'on nomme aujourd'hui une crise monétaire, résultant, par exemple, d'achats à l'étranger de blé ou de coton, et on sent alors ce que j'appelais tout à l'heure le trop ou le trop peu, on le sent au malaise social, comme on sent au malaise individuel que le sang manque ou surabonde dans les veines du corps humain. Il n'est donc pas vrai de dire que la masse du numéraire circulant, métaux ou argent, soit indifférente. Il y a là une proportion nécessaire qui, sans pouvoir être déterminée exactement, se fait sentir quand on y a manqué soit en plus, soit en moins.

Voilà un premier point vidé. Passons au second, qui est le point principal. Peut-on dans la circulation faire figurer sans inconvénient une certaine portion de papier? Je réponds : Oui, sans hésiter, bien que je sois l'adversaire résolu de l'abus du papier.

Toutes les nations ont choisi avec raison les métaux précieux comme les agents les plus sûrs par leur valeur réelle, comme les plus commodes par leur grande valeur relative, pour servir d'instrument aux échanges. A cet égard, les anciens comme les modernes, les pays très-civilisés comme ceux qui ne le sont pas du tout, ont abouti à l'emploi du même moyen. Dans des temps d'ignorance, dans le moyen âge notamment, on a cru qu'on pouvait impunément altérer les monnaies, et sous la valeur apparente ne point placer toute la valeur réelle. Le résultat a bientôt démontré que l'impuissance de ce subterfuge en égalait l'immoralité, et qu'il fallait que l'agent de la circulation valût en réalité ce qu'il paraissait valoir. Les monnaies baissaient en proportion exacte de leur altération, et on n'avait rien fait que causer un grand tort à l'État comme aux individus.

Donc il n'y a pas d'autorité qui puisse faire accepter cet agent de circulation pour ce qu'il ne vaut pas. Il faut la réalité derrière l'apparence, il faut du métal vrai pour toute la valeur énoncée dans le numéraire circulant. Mais en résulte-t-il qu'il n'y ait que les métaux qui puissent servir comme numéraire? Je réponds: Non. Et moi, adversaire des illusions, des mensonges en toutes choses, je dis que non-seulement le papier peut à certaines conditions fonctionner comme l'argent ou l'or, mais qu'il faut de toute nécessité une certaine somme de papier dans la totalité du numéraire circulant. Et la preuve la plus frappante, la plus décisive qu'on a besoin de papier, se trouve dans l'histoire, à laquelle il faut toujours recourir pour éclaircir les questions politiques ou sociales.

Comment sont nées les banques? Est-ce qu'elles ont commencé par être des banques d'escompte? Est-ce pour faciliter l'escompte qu'elles ont été créées? Ce serait une insigne erreur de le croire.

Elles ont commencé par être banques de dépôt. Voilà l'origine de toutes les banques, et je les énumérerai successivement tout à l'heure.

Qu'est-ce que signifie ce mot de *banque de dépôt?* Il signifie qu'on va déposer son argent dans une semblable banque, ainsi qu'on le fait souvent chez un banquier, M. de Rothschild ou tout autre, pour avoir un bon de ce banquier, et s'en servir comme moyen plus facile de payement, comme moyen sûr de s'acquitter sans traîner à sa suite une voiture chargée d'or ou d'argent.

Ainsi toutes les banques du moyen âge, celle de Gênes, celle d'Amsterdam, qui n'est pas précisément du moyen âge, mais qui est arrivée un peu après, toutes ont commencé par être banques de dépôt. On a fait vis-à-vis d'elles ce qu'on fait, je le répète, à l'égard de son banquier. Ne voulant pas avoir toujours de l'argent à transporter, on le dépose chez lui, et puis on fait une délégation sur sa caisse afin de s'acquitter de sommes trop considérables pour être facilement déplacées.

La banque d'Amsterdam notamment fut tout simplement une banque dans les caves de laquelle on déposait les métaux précieux dont on avait besoin pour le service de ses affaires, et on recevait en échange des certificats de dépôt, qui circulaient comme le numéraire lui-même dont on s'était débarrassé. Il y avait à la fois sécurité et commodité, puisqu'on était certain de l'existence des sommes déposées, et dispensé de les déplacer.

On a une autre preuve de ce besoin dans la banque de Saint-Georges à Gênes, dont l'histoire est très-intéressante, et qui a existé avant même de devenir banque de dépôt. Dans cette ville très-commerçante, on se servait, de même que dans tous les pays riches, des impôts que la république pouvait supporter, et on en faisait le gage d'opérations financières. On déléguait le produit d'un impôt à des spéculateurs pour une somme convenue, et il se formait pour l'exploitation de cet impôt ce qu'on appelait un *compérage*. On avait fini par réunir ainsi en une seule toutes ces délégations d'impôts, et c'est de la sorte que s'était formée peu à peu la fameuse banque de Saint-Georges. Comme elle offrait un gage respectable et parfaitement rassurant, on venait y déposer son argent, pour avoir en échange des sommes équivalentes en papier, lequel était devenu un agent puissant de circulation. Les dépôts augmentant, la banque de Saint-Georges était devenue l'un des plus puissants, des plus riches établissements de l'Europe. Établie pour centraliser l'exploitation des impôts délégués à des financiers, elle s'était changée en banque de dépôt, et, comme toutes les banques de dépôt, elle s'était bientôt changée en banque d'escompte.

Ces détails sont suffisants pour bien établir que ce n'est pas seulement afin d'économiser les métaux précieux qu'on a recours au papier, ou afin d'y suppléer quand on en manque, mais afin de rendre les payements à la fois économiques et praticables. On ne peut en effet ni transporter l'or et l'argent nécessaires aux grands payements, ni surtout les garder chez soi. Les déposer ou chez de riches banquiers, ou plus sûrement encore dans de vastes établissements publics, et prendre ensuite le certificat du dépôt pour le faire circuler, est le moyen employé par tous les peuples. Ce besoin de sûreté et de commodité fait que de même qu'on préfère l'or à l'argent, parce que sous un moindre volume il contient une valeur plus grande que l'argent (quinze fois et demie environ), de même, dis-je, afin de réunir une valeur considérable sous une forme sûre et commode, on a recours au papier. On ne s'en tient même pas là, on veut se dispenser d'employer les billets tout légers qu'ils sont, et pour cette fin on a imaginé les *virements,* qui consistent à transporter du crédit de l'un au crédit de l'autre les sommes à payer, ce qui réduit les payements à un simple changement d'écritures.

Il faut donc de toute nécessité une certaine somme de papier dans la circulation, mais à la condition que ce soit là une monnaie à peu près infaillible. Je dis à peu près, car ce mot d'infaillible, l'humanité étant donnée, ne peut être employé qu'avec beaucoup de réserve, et c'est pourquoi je dirai que la monnaie de papier doit être à peu près infaillible.

Le billet de la Banque de France, par exemple, a été depuis le commencement du siècle une monnaie qu'on peut pour ainsi dire qualifier d'infaillible. Des circonstances politiques dont la Banque de France ne saurait être considérée comme responsable, ont amené en 1848 une suspension momentanée de payements. Cette suspension aurait pu avoir de graves inconvénients, qu'heureusement elle n'a pas eus, grâce à la solidité de la Banque, et ses billets ont circulé presque comme l'argent. Ses billets constituent donc une monnaie parfaitement sûre. Pourrait-on la rendre absolument infaillible? Je le crois tout à fait. On le pourrait par la bonne organisation des banques d'escompte, et ceci me conduit à la partie essentielle du sujet qui nous occupe.

Il faut toujours regarder comment à leur origine les choses se sont passées : c'est le moyen de découvrir tout à la fois leur nature, leur mécanisme, et je dirai presque leur limite.

Comment les banques de dépôt sont-elles successivement devenues banques d'escompte? Par le procédé qui suit.

Je vais prendre un chiffre hypothétique, mais ne s'éloignant pas beaucoup de la vérité. Je suppose une banque de dépôt qui serait arrivée à réunir dans ses caisses un milliard : ce chiffre n'est

pas loin de celui que semblent indiquer les émissions
ordinaires de la Banque de France. Je suppose que
n'étant que banque de dépôt, la banque dont je
parle émît pour un milliard de billets. Ces billets
ayant pour garantie la somme des métaux précieux
déposés, et toujours gardés en caisse, seraient certainement infaillibles.

Il peut, il est vrai, survenir un incendie, un
pillage, mais ces accidents-là sont encore plus à
craindre chez les particuliers que chez un établissement public, garanti, défendu par l'État, et entouré de toute sa sollicitude. Les grands banquiers
ont essayé de se procurer de semblables garanties
en construisant des caves à l'abri du feu et de la vio-
lence. Il y a tel banquier à Londres qui a chez lui
en dépôt pour un demi-milliard de valeurs; mais
il ne présentera jamais la sûreté qu'offrent aux particuliers les Banques de France et d'Angleterre.
Donc une banque de dépôt qui aurait dans ses
caves un milliard en métaux contre un milliard de
billets émis, offrirait vraiment l'infaillibilité.

Cependant, ce serait acheter un peu cher cette
infaillibilité, car un milliard de métaux précieux

représentant 50 millions d'intérêt annuellement perdu, au taux de 5 pour 100, 60 ou 70 millions au taux de 6 ou 7, constituerait en perte la société tout entière pour une somme annuelle considérable. Ce milliard serait pour les deux tiers environ une somme annulée, c'est-à-dire inutile à l'encouragement du commerce et à l'amélioration du prix des capitaux.

C'est ainsi qu'à la vue de tout cet argent, inutilement accumulé dans les banques de dépôt, on a été conduit à se dire : Pourquoi ne pas faire valoir une partie de cet argent en le prêtant au commerce, sauf à réserver ce dont on a besoin pour le service courant?... Et les banques ont été dès lors amenées à faire ce que fait un riche banquier, ce que le public lui-même l'autorise à faire. Le public dépose son argent chez un banquier et lui dit : Ouvrez-moi un compte, je tirerai sur vous pour 1,000, 2,000, 3,000 francs, selon que j'en aurai besoin. — L'argent s'accumulant ainsi dans les coffres de ce banquier, il l'emploie à faire des affaires. S'il a ces trois qualités : honnêteté, habileté, prudence, qui sont les trois vertus théologales du commerce, s'il ne choisit généralement que de bonnes affaires, s'il n'en fait que ce que l'argent accumulé dans ses caisses par la confiance du public lui permet d'en entreprendre, s'il garde ainsi en réserve ce qui est nécessaire pour le service courant, il finit par mériter et par obtenir un très-grand crédit.

.Une banque est tout simplement ce banquier honnête, habile, prudent, mais dans une grande proportion puisqu'elle a un milliard de capital, avec lequel elle fait des prêts, sous forme d'escompte, en ayant soin de les proportionner à ses ressources, et en se réservant toujours les sommes nécessaires pour les remboursements qu'on vient lui demander.

Telle est la description exacte, faite d'après nature, d'une banque bien conduite.

C'est une maison de banque à laquelle on a eu soin d'appliquer la puissance collective, en réunissant dans ses mains de vastes capitaux sous forme d'actions, et si on y joint la clientèle de l'État lui-même, elle peut acquérir une puissance considérable, qui ne fait qu'ajouter à sa solidité, à condition qu'elle conserve une prudence proportionnée à l'étendue de ses affaires.

J'ai pris pour type une banque qui aurait obtenu du public un milliard de dépôt. Je suppose qu'elle garde 500 millions dans ses caves, ce qui s'appellera *réserve métallique,* et qu'elle applique les 500 autres millions à l'escompte, elle prêtera 500 millions.

Si c'est un établissement fondé sur les véritables principes, ses prêts se renouvelleront en moyenne tous les quarante-cinq jours, et comme il y a huit fois quarante-cinq jours dans l'année, même un peu plus, cela fera huit fois 500 millions, c'est-à-dire 4 milliards qu'elle aura successivement prêtés. C'est assurément une très-belle somme d'escomptes que 4 milliards par an !

Supposez que cette banque ne prenne que du bon papier, qu'elle ne soit pas de temps en temps écrasée par des demandes de secours de la part du gouvernement, qu'elle ne se laisse pas aller quelquefois, par vice d'organisation ou de conduite, à l'entraînement des spéculations, qu'elle se maintienne enfin dans l'escompte pur, alors je dis qu'elle sera véritablement infaillible.

Je vais plus loin, et je dis que si elle arrivait à

persévérer pendant un siècle ou seulement un demi-siècle dans une conduite pareille, le phénomène de l'infaillibilité serait tout à fait réalisé. Il y a plus : la confiance deviendrait telle que sa réserve métallique de 500 millions cesserait d'être nécessaire. Elle pourrait se contenter de beaucoup moins, c'est-à-dire de 400, de 300 millions, peut-être même de moins encore, pour un milliard de billets émis. Elle aurait alors 700 millions à placer, lesquels, à raison de huit renouvellements par an, lui permettraient d'escompter pas loin de 6 milliards.

Je répète que si une pareille banque ne commet pas de fautes, que si elle ne fournit au gouvernement que le genre de secours qu'elle peut lui offrir (et il y a une nature de secours qu'elle lui doit parce qu'elle peut les lui donner), je répète que s'il en est ainsi, cette banque sera en mesure de rendre au commerce et à l'État trois services essentiels : celui de faire baisser le prix des capitaux par une somme de six milliards consacrée annuellement à l'escompte, celui de procurer au public cette portion de monnaie de papier dont il a indispensablement besoin, et, dans certains cas, celui d'offrir à l'État le secours momentané, mais précieux, d'une immense disponibilité de capitaux.

La Banque de France, malgré quelques erreurs d'organisation, malgré quelques fautes de conduite, très-rares, très-légères, plutôt imposées que volontaires, plutôt imputables aux circonstances qu'aux hommes, la Banque de France a pour ainsi dire réalisé cet idéal, et elle le réalisera complétement quand on le voudra.

Quelles sont donc les conditions auxquelles une banque peut atteindre le résultat dont je viens de parler? Ici, Messieurs, nous entrons dans la pratique, et la pratique est chose très-délicate, parce qu'à chaque pas on rencontre devant soi des souvenirs, des faits presque personnels, qu'il est pénible de rappeler.

Je pose comme condition essentielle, et en ceci je suis absolu, que la banque dont je parle ne sorte pas de l'escompte. Si, en effet, on ne sort pas de l'escompte, et vous savez que par l'escompte il faut entendre l'escompte du bon papier de commerce à trois mois, à trois signatures, dont on avance la valeur moyennant l'intérêt déterminé par les circonstances, si on ne sort pas de cet escompte, on n'a véritablement rien à craindre. Une banque qui se borne à ce genre d'affaires peut se regarder comme infaillible. La Banque de France n'a jamais rien perdu par l'escompte, et si elle s'est néanmoins trouvée embarrassée dans certains moments, ce n'a jamais été par l'escompte qu'elle-même avait accordé au véritable commerce.

Malheureusement, il peut arriver qu'une grande banque, comme celle de France, en opérant parfaitement elle-même, c'est-à-dire en choisissant bien le papier qu'elle accepte, se trouve compromise par d'autres, auxquelles elle n'aura pas été libre de refuser ses secours. Et c'est ici qu'éclate l'inconvénient du grand nombre de banques. Supposez qu'il en existe plusieurs, opérant chacune de leur côté, prêtant non pas comme la Banque de France sur trois signatures, mais sur deux seulement, et afin de remplir leur portefeuille se montrant moins difficiles sur le choix du papier, il arrivera que ces banques viendront à l'escompte auprès de la grande Banque, en lui donnant à escompter le papier qu'elles auront accueilli de toutes mains, et sur lequel elles auront mis la troisième signature en y apposant la leur. La Banque ne pourra point assurément refuser ce papier, et elle l'admettra dans son portefeuille. Tant que les circonstances ne seront pas difficiles, ce papier à l'échéance sera payé par les engagés; mais les circonstances cessant d'être favorables, la banque principale sera placée dans cette alternative, ou de refuser l'escompte demandé par les banques secondaires, ce qui sera presque toujours le signal de leur chute, ou de l'accorder, et alors de se mettre en péril elle-même, alternative malheureuse, et dont il existe plus d'un exemple.

En 1848 il y avait plusieurs établissements de crédit, fondés par des hommes très-honorables, très-expérimentés, qui avaient l'habitude de recourir à la Banque, et que la Banque avait habituellement secondés par ses escomptes. Il eût mieux valu pour eux qu'elle se fût montrée difficile dès l'origine, car elle les aurait gênés sans doute, mais gênés en temps facile, quand cette gêne n'eût été qu'un frein, et en les arrêtant tout à coup en 1848, en leur refusant en pleine crise les escomptes dont ils avaient indispensablement besoin, son refus

3.

devint pour eux un inévitable arrêt de mort!

Et chose digne de remarque! ces établissements secondaires, est-ce l'escompte du papier à deux signatures qui les avait compromis? Point du tout. S'ils ne s'étaient livrés qu'à l'escompte du papier de commerce, ils n'auraient pas succombé; malheureusement ils avaient fait de grands prêts à l'industrie, non pas sous forme d'effets de commerce à trois mois, et de modique valeur, mais sous forme de gros capitaux engagés pour des années dans des spéculations à long terme. Ces prêts, même accordés à de bonnes industries, avaient privé ces banques de la disponibilité de leurs capitaux, et les avaient réduites, la crise venue, à l'impossibilité de remplir leurs engagements.

La Banque de France fut donc obligée de les sacrifier, sous peine de succomber elle-même. Mais elle n'en avait pas moins participé aux embarras de la place, car les établissements sacrifiés produisirent une commotion dont il était impossible qu'elle ne ressentît pas le contre-coup.

Aujourd'hui, par exemple, le Comptoir d'escompte, sagement et habilement conduit, même en prenant du papier à deux signatures, auquel il ajoute la sienne qui auprès de la Banque de France fait office de la troisième, le Comptoir d'escompte ne sera point en danger tant qu'il se réduira à l'escompte, et qu'il ne s'engagera pas dans les spéculations industrielles ou financières. Mais il en serait tout autrement s'il devenait moins prudent (ce que du reste on n'a pas lieu de craindre d'après une bonne conduite de près de vingt années), et dans ce cas, la Banque ne pourrait pas lui rendre de plus grand service que de modérer sa marche en se montrant plus difficile dans l'admission de son papier à l'escompte.

La condition essentielle est donc pour une banque de se borner à l'escompte, et non-seulement de s'y astreindre elle-même, mais, autant que possible, d'y astreindre ceux dont elle accepte le papier.

Sans doute il n'y a rien d'absolu en ce monde, et je ne prétends pas qu'une banque puisse exiger que tous ceux qui lui présentent leur papier, individus ou établissements collectifs, n'entreprennent jamais d'affaires à long terme. Mais il ne faut pas oublier que la banque dont il s'agit ici est celle qu'on a autorisée à émettre des billets circulant comme monnaie; qu'une semblable banque ne peut exister qu'à condition d'une solvabilité quotidienne qui ne s'arrête jamais; qu'il faut qu'elle puisse toujours convertir ses billets en argent à la première demande du public, et que le seul moyen d'arriver à ce résultat, c'est de n'admettre dans son portefeuille que des effets à court terme et d'une réalisation infaillible. A d'autres conditions, elle sera tôt ou tard compromise et placée dans l'impossibilité de remplir ses engagements.

C'est ce qui me porte à insister sur cette condition de se borner exclusivement à l'escompte.

Et pourquoi, me dira-t-on, l'escompte ne présente-t-il pas de chances de perte? Par la raison très-simple que l'escompte, c'est l'extrême division des affaires, c'est leur courte durée, c'est leur fréquent renouvellement.

Il y a quelque temps, en parlant au Corps législatif du Crédit foncier et des prêts à l'agriculture, j'ai défini l'escompte *le prêt à court terme;* et sans prétendre faire autorité, je crois la définition rigoureusement vraie.

Prenons effectivement la masse des escomptes. Comment les choses se pratiquent-elles? Un tailleur a besoin de drap ou un bottier de cuir; ils s'adressent au marchand en gros qui le leur vend. Ils lui font un règlement qui consiste en un effet à terme; cet effet va chez un gros escompteur, lequel, la plupart du temps, est un homme de leur profession qui après avoir acquis une certaine fortune s'applique à faire valoir ses capitaux. L'effet reste trois mois plus ou moins chez l'escompteur, puis il vient à la Banque, et y passe les trois mois restants. C'est dès lors une affaire qui se liquide en six mois environ, qui est naturelle, légitime, car elle a pour but de satisfaire aux besoins quotidiens de la société, qui se divise à l'infini, et ne présente pas le danger des grandes spéculations. Pour qu'elle fût mauvaise en elle-même, je dirai qu'il faudrait que la société tout entière fût en faillite, ce qui n'est pas supposable.

Il peut y avoir quelques marchands qui, pour attirer les clients, étalent de l'or et du marbre sur la devanture de leurs boutiques, qui choisissent mal leur emplacement, ou qui manquent de ces qualités de prudence, d'habileté, d'honnêteté, dont je parlais tout à l'heure, mais très-heureusement c'est le très-petit nombre.

Le commerce de détail, qui est le fond du commerce intérieur en tout pays, est en France d'une sûreté remarquable. On l'accuse d'être timide, en le comparant au commerce anglais, par exemple; mais il a du moins les qualités de ses défauts, il est à la fois avisé et sage.

L'escompte est donc chose sûre, parce qu'indépendamment de la prudence particulière au caractère national, il offre une sûreté propre, qui consiste dans la division du risque, les effets de commerce n'étant jamais d'une valeur très-élevée, et dans la brièveté de ce même risque, ces effets étant au plus à trois mois quand ils sont présentés à la Banque. Extrême division, extrême brièveté du risque, ce sont là des conditions essentielles de sûreté; ajoutez aussi que ce sont les conditions d'un prompt renouvellement, ce qui est indispensable à une banque, qui a besoin d'une solvabilité quotidienne, continue, incessante, pour pouvoir rembourser ses billets à tout venant, en temps de confiance ou de méfiance, et en temps de méfiance surtout.

Supposez, au contraire, une autre nature d'affaires; supposez qu'il s'agisse de prêts considérables à la grande industrie ou à la propriété foncière, prêts qui peuvent être, je l'accorde, bien conçus, point hasardeux, féconds en résultats, mais qui ne peuvent ramener le capital prêté qu'à des échéances éloignées, ces affaires ne sauraient convenir à une banque, qui, ayant à rembourser sans cesse ses billets à bureau ouvert, a besoin du renouvellement continuel de son capital. Qu'on crée des établissements spéciaux pour aider l'industrie, pour lui procurer le capital dont elle manque, pour faire à la propriété des avances qui se changeront plus tard en améliorations agricoles, je le conçois, je l'admets, à condition d'une extrême prudence, car des établissements de ce genre, lorsqu'ils sont plus occupés à bénéficier sur des actions à variations rapides qu'à seconder véritablement l'industrie, plus occupés à concourir à des spéculations de terrains qu'à seconder l'agriculture, peuvent présenter d'immenses dangers, et quelquefois occasionner de funestes commotions. Quoi qu'il en soit, j'admets ces établissements spéciaux, mais une banque autorisée à émettre des billets faisant fonction de monnaie ne doit avoir rien de commun avec eux, parce qu'elle a besoin de rentrer fréquemment dans son argent, et qu'elle ne peut immobiliser ses capitaux sans se mettre dans l'impossibilité de payer à bureau ouvert, ce qui est la condition essentielle de la monnaie dite *fiduciaire*.

Du reste, l'histoire de la Banque de France prouve ces vérités jusqu'à l'évidence. La Banque de France, nous pouvons le dire, est en son genre l'établissement le plus vaste, le plus solide du monde commercial. Elle a été rarement embarrassée depuis un siècle, et quand elle l'a été, ce n'est pas pour avoir pratiqué l'escompte du papier de commerce, c'est tantôt pour avoir fourni au Gouvernement un genre de secours qu'elle ne lui devait pas, tantôt pour avoir cédé, non par elle-même, mais par d'autres, c'est-à-dire par ceux dont elle escomptait le papier, à l'entraînement des spéculations. C'est pour ces causes et non pour d'autres qu'elle a paru dans l'impuissance passagère de faire face à ses engagements.

Ainsi, en 1805, à une époque très-voisine de sa fondation, elle fut un moment réduite à divers subterfuges pour ne point se déclarer insolvable. Elle faisait attendre le public dans ses bureaux, et ne remboursait chaque jour qu'une somme limitée de billets, et en monnaie peu portative. C'était cependant au lendemain d'Austerlitz! Mais le Gouvernement, ayant à cette époque compromis le portefeuille du Trésor en l'abandonnant aux mains de spéculateurs téméraires, fut obligé de demander à la Banque des secours qui dépassaient ses moyens, et elle eut une quinzaine de jours de très-grands embarras. Mais la victoire d'Austerlitz qui rétablissait la confiance, les rentrées subites que le Trésor se procura en exécutant cruellement les spéculateurs qui avaient abusé de lui, mirent fin à cette gêne d'un moment, et la Banque recouvra une apparence de solidité, et non-seulement une apparence mais une réalité de solidité, qui ne lui a plus fait défaut jusqu'en 1848.

En 1830 elle avait sévèrement dirigé son escompte; le commerce d'ailleurs avait été fort sage, la crise était exclusivement politique, et elle put alors rendre des services immenses au Trésor, sans du reste se compromettre à aucun degré. J'appartenais en ce moment à l'administration des finances, et je pus me convaincre par mes propres yeux qu'une grande banque, sagement conduite, astreinte au seul escompte du papier de commerce, pouvait, dans des conjonctures critiques, offrir à l'État un immense appui, quand on ne lui demandait que la nature de secours qu'elle peut donner légitimement. (J'ai promis de m'expliquer à ce sujet, et je le ferai tout à l'heure.)

En 1848, la situation n'était pas commercialement aussi bonne. Le mouvement des grandes spéculations avait déjà commencé ; la Banque, quelque soin qu'elle prît pour se garantir de toute participation à ces spéculations, avait cependant été obligée d'accepter du papier qui n'était pas toujours du papier de commerce ; elle s'était vue dans la nécessité de sacrifier divers établissements de crédit, créés à côté d'elle ; ne pouvant enfin refuser au Gouvernement des secours considérables, et tout cela au milieu d'un ébranlement général, en face d'une révolution qui avait renversé non-seulement une dynastie, mais le principe de la monarchie elle-même, la Banque se trouva dans l'un des plus grands embarras qu'elle ait jamais eu à traverser. On se crut donc forcé de suspendre pour quelque temps le remboursement des billets à bureau ouvert. J'ai cru alors, je crois encore aujourd'hui qu'elle aurait pu, avec les 70 millions de numéraire qui lui restaient, échapper à la suspension. Mais la chose était douteuse, et par prudence on aima mieux suspendre. La mesure, confiée aux mains d'honnêtes gens qui n'en abusèrent pas, n'eut point les inconvénients qu'elle aurait pu avoir. Les billets perdirent peu, furent bientôt au pair de l'argent, ce qui ne serait pas arrivé à de petits établisse-ments, affolés de spéculation, et ayant pour tout gage ou des créances à long terme, ou un papier irre-couvrable.

Ce grand établissement est donc le plus solide de l'Europe : tel quel, il a traversé toutes les révolu-tions, et je le répète, il atteindra à ce que j'appelle l'infaillibilité, tant qu'il se restreindra à la nature des affaires qui lui conviennent, et que le Gouvernement n'en tirera que les secours qu'il peut donner.

Il faut pour cela deux choses : la bonne conduite et les bonnes institutions.

La bonne conduite a été due surtout à la composition du comité d'escompte. Ce comité, composé des hommes les plus compétents, connaissant à merveille la valeur du papier qu'on leur apporte, a été et sera toujours le salut de la Banque, et j'ose dire, du commerce. Il a eu longtemps à sa tête un homme peu populaire dans le commerce, mais prodigieusement estimé des hommes éclairés, M. Vernes, qu'on trouvait intraitable sans doute, mais qui connaissait à fond la solvabilité de chacun, et ne fléchissait jamais. On aura beau dire, rien ne vaut la sévérité, à la tête d'un grand établissement de crédit. Est-il facile en temps où les affaires sont très-faciles, il est obligé de devenir difficile dans les temps difficiles, et alors il est contraint de faire expier cruellement les facilités qu'il a imprudemment accordées. Refuser le crédit quand les affaires sont actives, c'est user du frein quand le mouvement du commerce a besoin d'être modéré, et qu'il peut encore l'être. Au contraire, l'accorder pour le refuser quand il n'est plus temps de modérer le mouvement, c'est tout simplement amener des catastrophes. Les conducteurs de nos convois de chemins de fer nous offrent à cet égard une image fort instructive. Arrêtent-ils un convoi à temps, le ralentissement s'opère sans secousse et sans accident. L'arrêtent-ils trop tard et brusquement, ils n'amènent que d'affreux malheurs.

Je regarde donc un comité d'escompte sévère comme la condition essentielle de tout établissement auquel on veut confier la faculté d'émettre des billets faisant fonction de monnaie; mais ne parlons plus de conduite, et parlons d'institutions.

La première condition sous ce rapport, ce sont les trois signatures. J'ai traité jadis cette question devant la Chambre des députés que j'ai été assez heureux pour ranger à mon opinion. Le temps n'a fait que me confirmer dans ce que je pensais alors. Deux signatures ne sont pas une garantie contre ce qu'on appelle le *papier de circulation,* créé souvent par deux individus qui se prêtent mutuellement leur signature. Mais si un troisième engagé survient, lequel n'a pu donner sa signature qu'en connaissance de cause, la garantie devient tout à coup sérieuse. Par exemple, un marchand d'épicerie en gros accepte d'un épicier détaillant un effet à six mois : c'est sans doute un commencement de garantie, mais point suffisant. Si, au contraire, un escompteur connaissant l'épicerie (et en général les escompteurs répartis par professions les connaissent bien) accepte l'effet, il y a contrôle, étendue de garantie, et la banque qui escompte est suffisamment couverte.

Je comprends toutefois des établissements secondaires, comme aujourd'hui le Comptoir d'escompte, se contentant de deux signatures. Ils font l'office de l'escompteur dont je parlais tout à l'heure, qui, connaissant les deux premiers contractants, accepte leur papier, et y appose la troisième signature, laquelle sert de complément de garantie à la Banque. Mais ces établissements secondaires, comme je les appelle, je ne les admets qu'à la condition qu'ils n'auront pas la faculté d'émettre de la monnaie dite *fiduciaire*, car n'oublions pas que l'espèce de banque dont il s'agit ici est celle qui a la faculté d'émission, c'est-à-dire la faculté de fournir au public, à côté de la monnaie de métal, billon, argent ou or, la monnaie de papier, dont la circulation ne saurait se passer.

Après la condition des trois signatures, il y en a une autre dont la Banque a été affranchie, à mon très-vif regret, c'est celle de ne prêter que sur effets de commerce. Ainsi, il y a quelques années, on l'a autorisée, et en l'autorisant on l'a contrainte, à prêter sur dépôt de valeurs. Je dis alors à mon ami M. d'Argout, qui certes a rendu de longs et utiles services dans le gouvernement de la Banque de France, que c'était là une faute grave, et qui pourrait avoir les plus funestes conséquences. En effet, supposez que la Banque prête sur actions et obligations de chemins de fer, sur dépôts de rentes, quelques centaines de millions, comme cela s'est vu il y a quelques années, elle peut ainsi induire le public et être induite elle-même à commettre de dangereuses imprudences. Elle sort là de l'escompte pour entrer dans le champ des spéculations. Elle prête ces sommes à qui? à des spéculateurs qui, sans aliéner leurs valeurs, veulent en em-

4

ployer le capital à spéculer. On les encourage ainsi par ces trop grandes facilités à spéculer sans mesure, et quand ces spéculations immodérées amènent une crise, il faut leur retirer les facilités qu'on leur a imprudemment accordées, et les leur retirer au moment même où il serait le plus nécessaire de les leur fournir. Cent fois mieux eût valu ne leur en pas accorder quand le feu des spéculations était vivement allumé, pour les leur procurer, au contraire, quand la spéculation tendait trop à l'abattement. On fait ainsi le contraire du conducteur de train dont je parlais tout à l'heure, et on retire les prêts au moment où ils seraient le plus désirables. La Banque, après les années de grandes spéculations, fut obligée d'agir de la sorte, car si elle n'avait pas retiré une partie de ses prêts, elle eût été gravement compromise.

A l'heure qu'il est, la Banque a restreint ce genre de prêts à une somme très-modérée; elle l'a réduite au prêt domestique, consistant à fournir à un père de famille qui a des besoins limités et passagers, qui veut non pas spéculer mais garder des valeurs qu'il ne trouve pas avantageux de vendre actuellement, un secours momentané. Ce genre de prêt n'a aucun inconvénient. Il est même utile et moral, et tant que la Banque aura le courage de s'y maintenir, elle aura corrigé par de la bonne conduite un vice d'institution. Toutefois le vice reste, et il pourrait dans certains moments présenter des dangers véritables.

Telles sont, à mon avis, les conditions indispensables pour fonder un établissement de crédit sérieux, et méritant qu'on l'autorise à émettre une monnaie circulante. Et maintenant je puis passer aux questions qui résultent de la précédente, et qui bien que des questions dérivées, n'en sont pas moins d'une extrême importance.

M. LE PRÉSIDENT. Monsieur, voulez-vous vous reposer quelques instants?

M. THIERS. Volontiers, Monsieur le Président.

(La séance est suspendue pendant un quart d'heure.)

A la reprise, la parole est rendue à M. Thiers pour la continuation de sa déposition.

M. THIERS. Je disais qu'un établissement conçu sur les principes que je viens d'énoncer (et ce n'est pas là une chimère, puisqu'il se trouve à peu près réalisé par la Banque de France) pouvait arriver à ce que j'appelle la presque infaillibilité, et rendre au public le double service de faire baisser l'intérêt de l'argent par l'abondance de l'escompte, et d'offrir une monnaie de papier parfaitement sûre pour la somme dont la circulation ne peut se passer, monnaie qui, loin d'être, comme l'a dit spirituellement M. Cernuschi, de l'*or supposé,* serait de l'or bien réel, puisqu'elle en serait le gage à tout moment réalisable.

Il y a un troisième et grand service, celui de procurer à l'État une disponibilité de ressources dont il peut quelquefois avoir besoin, et de la lui procurer sans le moyen, je n'hésite pas à dire barbare, de la *thésaurisation.*

Mais avant d'aborder ce point, qui n'est pas le moins important, je ne voudrais pas abandonner la question du crédit commercial, sans examiner tout de suite si les deux services, purement commerciaux, dont je viens de parler, l'abondance de l'escompte, et la création de la *monnaie fiduciaire,* pourraient être rendus avec la même étendue et la même sûreté, par des établissements multiples, et, comme on dit, *libres*. C'est là, en effet, une partie essentielle du sujet qui nous occupe, et je n'aurais garde de la négliger.

Il ne faut pas oublier les points que j'ai établis, lesquels commandent pour ainsi dire tout le sujet, et je vous prie de me permettre de les replacer sous vos yeux en termes brefs et précis.

Il faut, ai-je dit, de la monnaie d'or, d'argent, de billon, et pour une certaine somme, de la monnaie de papier. L'indication de ce besoin impérieux, c'est la formation spontanée dans tous les pays, dans tous les temps, des banques de dépôt, où l'on allait déposer son numéraire pour en avoir la représentation en billets, représentation commode et sûre qui circulait ensuite comme les métaux précieux eux-mêmes.

De ce phénomène commercial en est résulté un second, celui de la conversion des banques de dépôt en banques d'escompte, par une conséquence irrésistible de la nature des choses. Les banques de dépôt, en effet, ayant des sommes considérables qui seraient restées oisives, en ont fait emploi par l'escompte du papier de commerce, mais en ayant soin de réserver une portion de l'argent déposé afin de pouvoir à tout instant rembourser leurs billets en numéraire métallique. Grâce à cette combinaison, elles ont réuni deux services à la fois, l'escompte, c'est-à-dire l'amélioration constante de l'intérêt, et la circulation en papier dans la juste proportion des besoins.

Une banque, ai-je dit, qui aurait obtenu la confiance du public pour un milliard, c'est-à-dire qui serait en mesure de lui faire accepter un milliard de ses billets, et qui garderait environ 300 millions en métal dans ses caisses (plus ou moins, selon les circonstances), afin de rembourser ses billets à bureau ouvert, pourrait en prêter 700 par l'escompte des effets à 45 jours, et, moyennant huit renouvellements, procurer au commerce 5 à 6 milliards d'escomptes annuels.

Le double phénomène de l'amélioration de l'intérêt, et de la circulation en papier pour la somme nécessaire, serait ainsi accompli, mais à une condition essentielle, c'est-à-dire absolue, de n'admettre à l'escompte que le papier de commerce, à courte échéance, à valeur divisée, et créé exclusivement pour ce genre d'affaires qui tend à satisfaire aux besoins quotidiens de la vie.

Supposez au contraire que cette banque vienne à admettre dans son portefeuille des valeurs de spéculation, représentant des entreprises, grandes, utiles si l'on veut, mais aléatoires, surtout à longue échéance, cette banque sortirait de ses limites, et manquerait à sa destination en altérant le gage de ses billets par l'admission à l'escompte de valeurs d'une réalisation à la fois incertaine et éloignée.

Je rappelle ces conditions fondamentales parce que leur énoncé seul suffit pour résoudre la question que je vais maintenant traiter.

Il faut pour que le portefeuille de l'établissement supposé ne contienne que des valeurs suffisamment sûres (je dis suffisamment parce que leur sûreté ne peut jamais être absolue, et qu'étant très-divisées comme le papier de commerce, leur risque est à peu près annulé, et couvert en tous cas par le capital de la Banque), il faut que cet établissement s'en tienne à l'escompte, et qu'il se garde de la spéculation, et même de tout contact avec elle. Eh bien,

je le demande, peut-on espérer cette prudence,
d'établissements multiples, dégagés de toute sur-
veillance, excités en outre par la concurrence qu'ils
se font entre eux à sortir de toutes les limites?
Évidemment non, et l'expérience à cet égard est si
générale, si constante, qu'on ne saurait élever
aucun doute.

Qu'on permette à des établissements de ce genre
de se former, qu'on leur permette de se contenter
de deux signatures, sauf à fournir la leur comme
troisième signature lorsqu'ils s'adresseront à la
grande banque, je le conçois, et ils ne seront autre
chose que des *banquiers collectifs*, pratiquant l'escompte, et apportant ensuite leur papier à la Banque
de France. Mais prenez bien garde qu'il s'agit ici
de la faculté d'émettre un papier circulant comme
monnaie, et c'est cette faculté essentielle, capitale,
partie en quelque sorte de la puissance publique,
qu'on voudrait déléguer à des banques non sur-
veillées, et maîtresses de se conduire à leur gré?
Permettriez-vous par exemple au premier venu
de frapper de la monnaie d'or et d'argent? Non
apparemment, et l'État en tout pays, monarchie

ou république, se réserve ce soin, comme ne pouvant être délégué à aucune main privée. On n'a jamais appelé monopole la fabrication par l'État de la monnaie métallique, et on ne peut pas davantage qualifier de ce nom la faculté spécialement accordée à un seul établissement d'émettre de la monnaie de papier.

Ces établissements *multiples* et *libres*, l'expérience l'a démontré, seraient certainement faciles dans l'admission du papier, et cependant, s'ils s'en tenaient au papier de commerce, le mal, quoique pouvant devenir grand dans plus d'une circonstance, serait néanmoins limité. Mais leur exemple a prouvé qu'ils feraient ce qu'ont fait les banques américaines et anglaises, ils donneraient en plein dans les spéculations de tout genre, pour finir bientôt par des faillites scandaleuses, faillites qui ne seraient pas seulement la ruine de quelques commanditaires leur ayant volontairement accordé leur confiance, et n'ayant dès lors à s'en prendre à personne du résultat, mais la ruine d'un public innocent, qui aurait accepté leur papier circulant comme monnaie, uniquement parce qu'il l'aurait vu circuler avec l'autorisation de la puissance publique.

C'est, dit-on, aux individus à veiller eux-mêmes sur leurs intérêts, et il faut permettre aux hommes d'être hommes, c'est-à-dire libres, et de ne pas marcher toujours avec des lisières. J'admets tout à fait cette manière de raisonner en politique, et ce n'est ici ni le lieu ni le moment de dire pourquoi. Je l'admets aussi dans le commerce, mais avec des distinctions indispensables. Ainsi les individus qui concourent comme actionnaires à la création de banques de ce genre doivent savoir ce qu'ils font, et à eux j'applique le principe qu'il faut ôter aux hommes de notre temps les vieilles lisières d'autrefois. Mais le gros du public, qui ne songe pas à spéculer, qui vend ou achète pour les besoins courants de la vie, et qui prend une monnaie parce qu'il la voit circuler quotidiennement, celui-là ne peut être livré à toutes les témérités, quelquefois à toutes les improbités de la spéculation, et il aurait droit de se plaindre à la puissance publique d'avoir laissé circuler de la fausse monnaie. L'État ne peut pas plus souffrir la fausse monnaie de papier que la fausse monnaie d'or ou d'argent.

Vous voyez, du reste, ce qui vient de se passer en Angleterre, et si on avait eu, après tant d'exemples de la même nature, quelque chose à apprendre en ce genre, on devrait cette fois être définitivement éclairé. Des centaines de banques libres s'y sont établies. Elles ne se sont pas bornées, bien entendu, à l'escompte du papier de commerce; c'était là leur moindre affaire, mais elles ont offert l'attrait puissant de prodigieux bénéfices sur de vastes entreprises de travaux publics, sur les spéculations cotonnières, et sur tant d'autres objets faits pour séduire. Elles n'ont pas même exigé le versement du capital, et elles se sont contentées du versement d'une portion infiniment petite de ce capital. Ayant en même temps attiré à elles des sommes importantes qu'on leur remettait à titre de dépôt, elles ont spéculé avec ces sommes déposées, procuré ainsi des bénéfices qui devenaient considérables appliqués à la très-petite portion du capital versée, puis les circonstances commençant à s'assombrir, le doute sur leur solvabilité surgissant de toutes parts, et à ce signal les dépôts se retirant en toute hâte, elles ont été obligées d'appeler le capital différé, lequel a refusé de se rendre à l'appel, ce qui a été le signal de la chute, et la ruine certaine de tous ceux qui trompés par une prospérité éphémère, avaient accepté comme une valeur de toute sûreté les engagements de ces banques.

Mais ces établissements, dit-on, impriment un vif mouvement au commerce, à la production, et pour quelques crises passagères, laissent le bienfait d'une immense impulsion communiquée à toutes choses. C'est ce que je nie pour ma part, et la preuve est facile à fournir.

Qu'il s'agisse de prêter de l'argent au commerce au moyen de l'escompte, qu'il s'agisse de venir en aide à la grande industrie au moyen de longues et fortes avances, il faut avoir un capital réel et non fictif, et en créant du papier on ne crée rien du tout, qu'un gage trompeur qui suffit pour commencer les entreprises, mais non pour les achever. Je vais plus loin, et ce capital fût-il en métaux précieux, ne serait pas encore le vrai capital social avec lequel on peut produire quelque chose de réel, comme des canaux, des ponts, des routes. Si même on avait le moyen de tirer d'une caisse magique des métaux précieux en quantité illimitée, et si on parvenait ainsi à en inonder un pays, on ne ferait que multiplier les métaux circulants au delà des besoins de la circulation ; on les avilirait tout simplement, parce qu'on ne créerait pas en même proportion des bras, des matières premières, des matières alimentaires. Ce n'est pas avec l'or et l'argent qu'on construit une route, qu'on creuse un canal, qu'on jette un pont, c'est avec des ouvriers, des aliments pour les nourrir, des outils, des matières premières propres à chaque espèce de travail. Il faut que ces diverses choses existent réellement dans une certaine proportion, et dans une proportion assez grande pour qu'on ne porte pas le désordre dans toutes les industries, en voulant détourner vers une seule toute la puissance sociale, qu'on ne prive pas, par exemple, l'agriculture de bras, en les réunissant tous sur les routes. Les vrais capitaux sont ces choses réelles que je viens d'énumérer : matières premières, matières alimentaires, bras, etc..., et les métaux précieux eux-mêmes n'en sont que la représentation. En multipliant ces métaux arbitrairement, si on le pouvait, on ne ferait que rompre la proportion entre les capitaux réels et la monnaie qui les représente, sans ajouter aux forces vraiment productives de la société. Et, s'il est impossible de créer des capitaux productifs, en multipliant arbitrairement les métaux précieux eux-mêmes, ce que très-heureusement on ne peut pas faire, à plus forte raison serait-il absolument impossible en créant du papier de banque, sans les garanties que nous avons indiquées, de créer des capitaux véritables. On ne crée ainsi que des capitaux fictifs qui servent à commencer des entreprises de tout genre, mais non à les achever, témoin les chemins de fer nombreux commencés dans plusieurs contrées de l'Europe, dont ils ont peu servi la prospérité, tout en ruinant les dupes qui ont fourni leur argent pour les entreprendre.

Imaginer que ces établissements éphémères secondent puissamment la production est donc une illusion puérile. S'agit-il d'escompte, ils ne peuvent prêter ce qu'ils n'ont pas. Ils peuvent bien prendre du mauvais papier, et en retour donner de mauvais billets qui circulent un moment, mais ce n'est qu'une fausse et dangereuse activité, suscitée sans les moyens durables de la soutenir. D'ailleurs ce ne sont pas les capitaux qui manquent pour étendre les prêts au commerce, c'est le papier admissible à l'escompte. La Banque de France, qu'on accuse quelquefois de ne pas rendre des services suffisants au commerce, ne demanderait pas mieux que d'escompter le double de ce qu'elle escompte, car plus son portefeuille est rempli, plus elle gagne, et si elle ne le fait pas, c'est faute de papier acceptable. Le Comptoir d'escompte lui-même, placé au-dessous d'elle, si une plus grande somme de bon papier lui était présentée, la prendrait, y apposerait la troisième signature, la présenterait ensuite à la Banque, qui l'admettrait si le papier offert était bon, et en serait quitte pour émettre un plus grand nombre de ses billets. Tout le monde s'en trouverait mieux, et la Banque et le Comptoir, et s'ils s'arrêtent dans cette voie, c'est devant la qualité du papier qu'on leur présente. Ce ne sont donc pas les capitaux qui manquent à l'escompte, mais bien plutôt l'escompte aux capitaux.

S'il ne s'agit pas de l'escompte au commerce, mais de moyens créateurs à fournir à la grande industrie, je comprends que dans ce cas on applique aux capitaux la force d'association, qu'on les coalise pour ainsi dire afin de tenter de vastes entreprises, et qu'on fonde de puissantes compagnies pour sillonner de chemins de fer l'étendue des continents, ou de fils électriques le fond des mers. Mais si l'entreprise promet des résultats avantageux, les capitalistes ne se font pas attendre, et ils apportent individuellement des capitaux qui, ceux-là, sont bien réels. Et, je l'avoue, j'ai de la peine à comprendre qu'on ajoute à ces compagnies la superfétation de banques industrielles, destinées à spéculer sur les actions de ces compagnies. Elles ne sont pas créatrices de capitaux, car celles qu'on a constituées en France n'ont pas à elles toutes apporté un capital de plus de 200 millions à l'industrie, et les entreprises créées depuis vingt ans représentent peut-être douze ou quinze milliards. C'est donc une somme insignifiante que 200 millions en présence de douze ou quinze milliards, et ce sont les compagnies créatrices qui les ont trouvés, non les banques industrielles établies pour aider, dit-on, la grande industrie. Ces dernières ont tout simplement apporté un capital qui sert à spéculer sur les actions des compagnies industrielles, et du reste je suis loin de dire qu'en faisant cela elles soient absolument inutiles. Elles peuvent recommander telle ou telle entreprise, signaler son mérite au public, contribuer à la faire prospérer, quelquefois aussi la tirer d'un embarras momentané, mais c'est là un service secondaire, mêlé souvent de graves inconvénients, comme on en a eu la preuve récente en Angleterre et en Amérique, et comme dans certaines circonstances on l'aurait probablement en France. Mais en admettant qu'on les puisse établir, je n'admets pas qu'elles soient créatrices du crédit industriel, qui repose sur les capitaux réels apportés directement par le public, et apportés avec empressement quand il s'est agi d'exécuter des chemins tels que ceux du Nord, de la Méditerranée, de l'Est, de l'Ouest, du Midi. Du reste, qu'on admette ces établissements, qu'on les constitue avec plus ou moins de liberté, ce n'est point la question qui m'occupe; il s'agit, je le répète, de banques émettant de la *monnaie fiduciaire,* et je soutiens que de telles banques ne sont admissibles que limitées à l'escompte du papier de commerce, lequel est aussi peu aléatoire que possible, parce qu'il ne repose pas sur des spéculations hasardeuses, parce qu'il est infiniment divisé, à échéance prochaine et à peu près certaine, parce qu'enfin il ne présente que des risques insignifiants que la moindre partie du capital d'une banque d'escompte suffirait à couvrir.

Après avoir traité de l'institution d'une grande banque nationale telle que je la conçois, et de ses rapports avec le commerce, il faut traiter de ses rapports avec l'État, et des services qu'elle peut être appelée à lui rendre. Il est certain qu'elle en rend de très-grands au commerce, en lui procurant un escompte de plusieurs milliards, en lui fournissant une monnaie de papier infaillible, en se faisant enfin le censeur redouté du commerce par une juste sévérité dans l'admission à l'escompte. Mais elle peut et doit aussi dans certains moments apporter à l'État d'utiles secours, non pas en lui faisant des prêts, comme je le montrerai tout à l'heure, mais en mettant accidentellement et momentanément à son service l'immense disponibilité de ses ressources.

Il faut, pour bien m'expliquer à cet égard, que je parle d'abord des rapports qui existent entre l'État et la Banque de France.

Actuellement, le Gouvernement nomme le gouverneur de la Banque, et pour ma part j'approuve cette disposition. Le gouverneur de la Banque peut quelquefois avoir autant d'importance que le ministre des finances lui-même, car il est tel jour où il faudra lui livrer le secret de l'État. S'il faut, par exemple, prendre des dispositions subites, déplacer des sommes métalliques considérables pour le besoin des armées, le gouverneur de la Banque devient le confident inévitable du Gouvernement dans ses résolutions les plus graves et les plus secrètes. J'admets donc que l'État se réserve, dans un intérêt public, la nomination du gouverneur de la Banque, et par voie de conséquence celle des deux sous-gouverneurs. Je ne vois point d'inconvénient non plus à ce qu'il y ait dans le Conseil de la Banque trois des principaux receveurs généraux. Les receveurs sont les banquiers du Trésor; ils font avec la Banque un commerce de papier assez important, car si le budget de l'État est de

2 milliards, ce qui fait 4 (2 milliards en dépenses et 2 milliards en recettes), les receveurs généraux remuent 4 milliards, dont une partie en papier. Il est donc naturel que l'on choisisse trois des membres du Conseil parmi les receveurs généraux les plus considérables, et par suite de ces dispositions, le Gouvernement a six voix dans le Conseil de la Banque, le gouverneur, les deux sous-gouverneurs, les trois receveurs généraux. Or le Conseil est de 18 membres, 21 si on ajoute les trois censeurs. Ces derniers n'ont, il est vrai, pas voix délibérative. Eh bien, je l'avoue, moi qui ai toujours eu la prétention d'allier les idées de gouvernement aux idées de liberté, je trouve que c'est concéder beaucoup à l'État que de lui attribuer le tiers des voix dans le Conseil de la Banque. Je ne voudrais pas retrancher les six voix dont l'État dispose, puisqu'elles appartiennent à des fonctionnaires dont la présence est indispensable, mais je voudrais augmenter la part du commerce dans ce conseil, et il ne serait pas inutile de porter à 24 le nombre de ses membres. Je ne suis pas pour les vaines caresses faites au public, dans la seule intention de le flatter,

mais je suis toujours disposé à lui donner l'influence à laquelle il a droit, surtout dans des choses qui le touchent de si près. Le Gouvernement aurait ses six voix, mais le commerce, par l'intermédiaire des actionnaires de la Banque élisant le Conseil, en aurait 18, ce qui lui assurerait les trois quarts des voix, au lieu des deux tiers. C'est, à mon avis, le moins qu'on puisse faire.

Je ne dis pas que les résolutions fussent très-sensiblement changées, mais ce n'est pas chose indifférente que l'indépendance de la Banque. De même qu'il faut pour son crédit, qui est celui de tout le monde, qu'elle soit sévère envers le commerce en lui refusant les escomptes qui ne seraient pas mérités, il faut aussi qu'elle puisse résister au Gouvernement, et ne pas être la complice de ses entraînements. Le premier intérêt du pays, dès lors de l'État, c'est le crédit, le vrai crédit, celui qui fait que les billets de la Banque sont considérés comme de l'or réel, non comme *de l'or supposé,* et c'est fort important, puisque les billets de la Banque représentent un quart environ du numéraire circulant. C'est là un intérêt de premier ordre, en paix comme en guerre,

et pour cela il faut que la Banque soit indé-
pendante de l'État comme du mauvais commerce, et ne soit la complaisante ni de l'un ni de
l'autre.

Il y a un zèle de la Banque envers l'État qui
est nécessaire aussi, et sur lequel il faut pouvoir
compter. Mais ce zèle ne fera jamais défaut, par
la raison que le Conseil de la Banque, élu par le
commerce, sera toujours nécessairement composé
de gens considérables, et ayant un immense intérêt à la bonne marche des choses. Pour moi j'ai
eu comme membre du gouvernement, et dans des
temps orageux, j'ai eu recours à la Banque, et je ne
me rappelle pas l'avoir trouvée une seule fois indifférente ou tiède pour l'intérêt de l'État. Laisser, en
un moment difficile, le Trésor dans l'embarras n'est
jamais entré et n'entrera jamais dans la tête d'aucun
des membres du Conseil, car ils savent que la solvabilité quotidienne, et non interrompue, du Trésor public est la première, la plus essentielle condition du crédit, et ils ne lui refuseront jamais les
moyens de faire face à ses affaires. On peut donc
en tout temps compter sur le zèle honnête de la

Banque, mais il faut s'en contenter, et ne pas prétendre à sa dépendance.

Cela dit, j'arrive à la nature de secours que la Banque peut, dans certains moments, offrir au Trésor public, c'est-à-dire à l'État lui-même.

L'institution de presque toutes les grandes banques a commencé par un prêt que ces banques faisaient au Gouvernement. La somme prêtée devenait ainsi le capital de la Banque nouvellement instituée, et restait en dépôt dans les mains du Gouvernement. Il est arrivé aussi que, durant le cours de leur existence, les banques ayant besoin du renouvellement de leur privilége, l'obtenaient en ajoutant un nouveau prêt au prêt primitif, et l'État devenait de la sorte leur débiteur perpétuel, peu tourmenté du reste par son créancier, car ayant besoin de lui, les banques ne songeaient pas à réclamer leur créance. Autre chose, et plus grave, s'est produite encore entre les banques et les gouvernements.

Dans des conjonctures difficiles, où les banques et les gouvernements étaient les uns et les autres embarrassés, l'État a dit quelquefois aux banques : Je vous dispense de payer vos billets à bureau ouvert, mais de votre côté vous me prêterez la somme de billets dont j'aurai besoin. — L'État autorisait ainsi les banques à émettre un véritable papier-monnaie, puisqu'il n'était pas à volonté conversible en métal, et en retour les banques livraient à l'État une partie de ce papier-monnaie sous forme de prêt temporaire. Cela s'est vu en Angleterre; cela s'est vu un moment en France en 1848 (un moment seulement, et il faut l'avouer, sans abus), cela se voit largement aujourd'hui en Italie.

Eh bien, ce sont là les genres de secours que, pour ma part, je répudie absolument sous l'une et sous l'autre forme. Je n'admets pas que l'État soit le débiteur perpétuel d'une banque nationale, comme celle que je conçois, comme celles qui existent dans la plupart des grands pays de l'Europe, et qu'il s'endette auprès d'elles, en mettant en quelque sorte à prix la faveur qu'il leur accorde par la concession ou le renouvellement de leur privilége. J'admets encore moins qu'une banque devienne la complice de l'État, ou l'État le complice de la banque, dans l'introduction du papier-monnaie, par la suspension des payements à bureau ouvert.

L'État et la Banque doivent être parfaitement indépendants l'un de l'autre. L'État ne doit pas être débiteur de la Banque, ni la Banque l'obligée de l'État.

Si un gouvernement veut pouvoir recourir à la Banque, dans certaines situations que je vais préciser, il ne faut pas qu'il se soit endetté d'avance en exigeant un prêt en échange du privilége qu'il a accordé. Il ne faut pas davantage que la Banque et le Gouvernement s'appuient l'un sur l'autre dans l'introduction du papier-monnaie, le Gouvernement dispensant la Banque de payer à bureau ouvert, et à son tour la Banque prêtant au Gouvernement tout le papier dont il a besoin.

Je ne dis pas que cet état de choses n'ait pu se produire par des motifs excusables, et sans inconvénient grave, ainsi qu'on l'a vu en Angleterre pendant des années, et en France pendant quelques mois. Mais il faut exclure de toute bonne organisation, de toute bonne conduite, l'une et l'autre de ces extrémités. Un État bien ordonné, et qui a un crédit solidement établi, n'a aucun besoin, en temps ordinaire, de se rendre débiteur de la Banque, et cette Banque, si elle a tenu la bonne conduite que je cherchais tout à l'heure à caractériser, si elle s'est bornée à l'escompte du bon papier de commerce, ne sera jamais embarrassée de payer à bureau ouvert, quelque difficiles que soient les circonstances, et c'est dans cette situation de réciproque indépendance, que l'État, s'il a besoin d'une ressource soudaine et momentanée, pourra, comme on va le voir, la trouver auprès de la Banque.

Mais avant de bien définir ce genre de services, je demande la permission de dire quelques mots de deux faits actuels, que je regrette, et que je voudrais voir disparaître.

Il y a quelques années, la Banque a été obligée de doubler son capital ou à peu près. Elle a versé cent millions à l'État, qui lui a donné en échange un capital équivalent en rentes immobilisées. En réalité, c'est une somme de cent millions prêtée au Gouvernement, et dont la Banque ne pourrait pas aujourd'hui disposer. Or, dans la situation actuelle, le Gouvernement se procurerait si facilement cent millions au moyen de son crédit, que je ne voudrais pas le voir endetté par avance à l'égard de la Banque. Je ne voudrais pas non plus voir la Banque ayant dans ses mains une somme de cent millions en rentes dont elle ne pourrait pas faire usage en un cas pressant. C'est une situation qu'il serait facile, et qu'il serait utile, selon moi, de faire cesser, dans un moment où les ressources du crédit ne manquent pas.

M. DE LAVENAY, *commissaire général*. Les rentes dont parle M. Thiers ne sont pas immobilisées, elles sont parfaitement libres. La Banque de France les porte à son budget comme immobilisées, mais il n'y a dans la loi aucune clause qui lui interdise d'en disposer.

M. THIERS. Êtes-vous sûr de cela?

M. LE COMMISSAIRE GÉNÉRAL. Parfaitement sûr.

M. DE FORCADE LA ROQUETTE. Le fait est certain. Seulement la Banque a pris ces rentes à 75 francs, et elle ne voudrait pas les réaliser à 68 francs.

M. SCHNEIDER. Elle a été seulement invitée à les prendre, mais elle n'est pas obligée de les garder.

M. THIERS. Tant mieux!... Il faudrait alors effacer de tous les bilans hebdomadaires de la Banque le mot d'*immobilisées*, qui sert à qualifier les rentes dont je parle. Je suis charmé que le mot ne signifie rien ; c'est alors comme si la Banque avait, outre son premier capital en rentes, cent millions du second, également en rentes, dont elle pourrait se servir comme d'une valeur disponible, et il n'y a pas, après l'or et l'argent, de valeur plus disponible que la rente.

Mais permettez-moi d'arriver au second fait dont je voulais parler. Je vois mentionner dans les bilans de la Banque un secours de 60 millions sans intérêt, et c'est un fait que je regrette encore, car le Gouvernement n'a pas actuellement besoin de ces 60 millions.

M. LE PRÉSIDENT. C'est plutôt une neutralisation d'intérêt qu'un prêt à l'État.

M. THIERS. Je vous comprends. L'État est en compte courant avec la Banque, et comme il est plus souvent en avance avec elle qu'elle avec lui, on a voulu établir la compensation en établissant que pour 60 millions de son compte courant l'État ne devrait pas d'intérêt. Puisqu'il en est ainsi, j'aimerais mieux une autre disposition, et qui représenterait plus exactement la réalité des choses. On pourrait, en considération de ce que l'État est presque toujours en avance, diminuer le taux de l'intérêt, et alors il ne paraîtrait pas le débiteur de la Banque. Mais ce sont là des faits sur lesquels je n'ai insisté que pour bien établir que l'État ne doit pas être habituellement le débiteur de la Banque, s'il veut en certains moments pouvoir recourir à elle.

Je suppose l'État n'étant pas endetté envers la Banque, la Banque n'ayant pas besoin de lui et ayant conservé tout son crédit, dans ce cas, l'État peut tirer de la Banque des secours à la fois légitimes et parfaitement suffisants, quelles que soient les circonstances. Je disais tout à l'heure que la Banque a une immense disponibilité de ressources, et en effet, si elle a tenu la conduite que je lui souhaite, elle peut sans inconvénient, dans un court espace de temps, disposer de 100 ou même de 200 millions, soit qu'elle les tire en métal de ses caves, soit qu'elle les émette en billets. Il y a telle situation, comme celle d'aujourd'hui par exemple, où elle pourrait immédiatement fournir 100 millions en métal, même davantage, sans se mettre dans l'embarras, puisqu'elle en a plus de 700 dans sa réserve métallique. Supposez même une réserve bien moindre, elle pourrait encore en tirer une somme importante sans inconvénient. Ce qu'elle ferait plus aisément, ce serait d'émettre 100 millions de billets en fort peu de jours. C'est là ce que j'appelle une immense disponibilité de ressources, qui existera tant que la Banque se défendant d'entrer dans le courant des spéculations, se restreindra au bon, au solide escompte.

L'État a donc auprès de lui un tout-puissant escompteur, auquel il peut s'adresser très-naturellement, très-légitimement, pour en tirer une ressource soudaine et point abusive. Or pour recourir à ce puissant escompteur, l'État a des moyens parfaitement avouables. Il a d'abord un portefeuille tout plein d'excellents effets de commerce, bien garantis, et secondement son propre papier, c'est-à-dire les bons du Trésor.

Tout le monde sait, ou ne sait pas, que le Trésor reçoit par l'entremise des receveurs généraux une partie des impôts en effets de commerce, parfaitement garantis par les receveurs particuliers ou généraux qui les ont acceptés de la main des contribuables. Je pourrais citer notamment les traites des douanes, celles des bois, des sels, etc... J'ignore ce que contient en ce moment le portefeuille du Trésor, mais j'y ai vu quelquefois cent cinquante millions, et davantage. Il peut donc escompter ce papier à la Banque, non pas en un seul jour si l'on veut, mais en très-peu de jours, et il y a droit comme tout particulier possédant un bon crédit et un bon portefeuille. L'État a enfin son propre papier, c'est-à-dire les bons du Trésor, et rien ne s'oppose à ce qu'il en présente, et que la Banque en prenne pour cinquante, pour cent millions. Je dis donc que la Banque, si elle a bien ménagé ses ressources, peut offrir au Trésor une disponibilité presque immédiate de cent, de deux cents millions effectifs, par les voies les plus légitimes, les moins compromettantes, en traitant l'État comme tous ceux qui ont un compte ouvert avec elle. Or ce que je dis ici, je le lui ai vu faire, et elle n'a pas eu à le regretter, car le papier de commerce qu'on lui donnait arrivait successivement à échéance jour par jour, comme celui des autres négociants, et les bons du Trésor trouvaient toujours preneur sur la place de Paris, à moins qu'on n'eût déplorablement abusé de toutes choses.

Or, Messieurs, une disponibilité immédiate de deux cents millions est tout ce qu'on peut désirer, même pour le plus grand État. Je me suis vu à une certaine époque, comme président d'un cabinet responsable, obligé de porter tout à coup de 350 à 600 mille hommes les forces de l'armée française, pour une guerre peu probable, mais possible, et je vous affirme qu'un État qui, au delà de ses ressources ordinaires, a toujours une disponibilité de deux cents millions sous la main, a tout ce qu'il lui faut. Ce n'est pas au jour même où l'on dépense qu'on paye, et les ressources du grand crédit, c'est-à-dire les emprunts, venant ensuite compléter celles du crédit courant, on n'est pas exposé à manquer du nécessaire. L'Angleterre n'a jamais eu de plus vastes ressources à sa disposition, et surtout de plus immédiates.

Vous devinez, Messieurs, l'importance de ce que je dis ici. Être prêt, aujourd'hui que les guerres sont si promptes et si courtes, soit par l'audace des uns, soit par la faiblesse des autres, est un intérêt capital. Le sort du pays peut y être attaché. Dieu me préserve de toucher devant vous à la politique, mais tout le monde sait qu'il existe une puissance, actuellement fort active en Europe, qui, depuis son fondateur le grand Frédéric, a eu recours à la *thésaurisation*, comme à la plus sûre des ressources. Certainement, quand on n'a pas un crédit bien organisé, la *thésaurisation*, c'est-à-dire l'argent dormant en caisse, est un moyen infaillible d'être toujours prêt. Une armée bien organisée, et de l'argent en caisse, sont les moyens les plus assurés de faire la loi à ceux qui voudraient vous la faire. Mais, avouons-le, l'argent en caisse, l'argent dormant, c'est de la barbarie. La vraie thésaurisation c'est le crédit. C'est la plus large, sans être la moins disponible des thésaurisations. Or une banque organisée comme celle que j'ai décrite peut vous la procurer. Ce n'est pas son argent qu'un gouvernement doit avoir réservé en l'enfouissant dans des caves, c'est son crédit et celui du commerce surtout, en ayant un établissement qui n'ait pas spéculé, qui n'ait admis dans son portefeuille que du bon papier, qui ait su maintenir dans les mains du public une somme de monnaie *fiduciaire*, toujours remboursable et toujours remboursée à bureau ouvert. Un tel établissement peut en tout temps étendre assez sa circulation, pour fournir à l'État une somme de 200 millions, et c'est plus qu'il ne faut pour les besoins les plus imprévus; c'est plus que ne peut fournir la plus large thésaurisation, sans perdre 10 ou 12 millions d'intérêts par an.

Après l'exposé de ces idées, je n'ai pas besoin de vous dire à quel point je suis confirmé dans ma façon de penser à l'égard de la pluralité des banques. Je vous demande en effet si des services de la nature de ceux que je viens de retracer peuvent être espérés, attendus de banques multiples, dès lors peu considérables, spéculant à qui mieux mieux, impossibles à contenir, tombant les unes sur les autres à la première crise, et au lieu de pouvoir prêter secours à l'État, ayant besoin de lui, et le compromettant même souvent malgré tout le soin qu'il peut apporter à se garantir de leur contact.

Dès mon entrée dans la carrière des affaires publiques, j'eus sous les yeux un spectacle que je n'ai point oublié, et qui aurait formé mes opinions, si un peu de bon sens naturel et l'observation constante des faits n'avaient déjà suffi pour les enraciner dans mon esprit.

En 1830, au lendemain d'une révolution assurément très-modérée, l'émotion était vive non-seulement dans le monde politique, mais dans le monde commercial et financier. Au sein de l'une des plus riches et des plus éclairées de nos provinces, que je me dispenserai de nommer, il y avait une banque locale, conduite avec honnêteté, mais peut-être pas avec assez de prudence. Son papier n'inspirait plus de confiance, et le receveur général, homme riche et habile, nous écrivit qu'après en avoir accepté pour environ deux millions, il croyait sage de s'arrêter, et que sous quelques jours il cesserait d'en prendre. Il ajoutait que ce refus amènerait peut-être la chute de cette banque, et par suite une grave perturbation dans la contrée, mais qu'il ne pouvait, sans autorisation du Trésor, admettre dans ses caisses une plus forte somme de billets

devenus douteux. J'étais alors sous les ordres de
M. Louis, ministre des finances, et je courus lui
porter la dépêche. Notre perplexité fut grande, car
il fallait ou faire tomber cette banque, ou assumer
la responsabilité d'accepter pour le compte de l'État
des billets qui bientôt peut-être auraient perdu une
partie de leur valeur. Après mûre réflexion,
M. Louis, mettant l'intérêt public au-dessus de
l'intérêt de sa responsabilité, m'autorisa à écrire au
receveur général de continuer à prendre les billets
de la banque compromise, afin d'éviter la commotion locale dont on était menacé. Le résultat fut
heureux, car cette banque indirectement aidée par
l'État, et d'ailleurs habilement et honnêtement
conduite, parvint à traverser ce moment difficile,
et la responsabilité du ministre, risquée dans des
vues d'intérêt général, fut heureusement dégagée.
Est-ce auprès d'établissements de ce genre que
l'État pourrait trouver la disponibilité de ressources
dont il aurait besoin, et ne serait-il pas au contraire
exposé à être dans les moments difficiles entouré de
faillites au lieu de secours?

Restent maintenant à examiner quelques questions secondaires, mais très-importantes quoique secondaires, après quoi je mettrai fin à ces observations déjà trop longues. Ces questions sont 1° celle du capital de la Banque et de l'usage qu'on en peut faire; 2° celle des variations du taux de l'escompte.

La Banque de France, vous le savez, a un capital d'environ 200 millions, provenant de la formation de son ancien capital sous le premier Empire, de la formation toute récente du second dans ces dernières années, et de quelques réserves statutaires ou facultatives. Ces 200 millions ont été par habitude placés en rentes, du moins pour la majeure partie, et jamais on n'aurait élevé de question à ce sujet, regardant cet emploi comme le plus naturel, le plus sûr, le plus commode par la grande disponibilité qu'il laisse, si, depuis une vingtaine d'années, certaines crises qu'on a eu à traverser n'avaient éveillé l'attention, et fait rechercher s'il n'y aurait pas un meilleur parti à tirer d'un capital aussi considérable.

On s'est dit que si, au lieu de laisser ce capital placé dans les rentes afin d'en percevoir un intérêt, la Banque l'avait gardé en métal dans ses caisses, elle aurait pu offrir au commerce des secours plus étendus, et n'aurait jamais éprouvé d'embarras monétaire. En examinant ces deux raisons, on voit bientôt combien est léger le fondement sur lequel l'une et l'autre reposent.

Dans ces dernières années on a doublé le capital de la Banque, afin, disait-on, qu'elle pût rendre de plus grands services au commerce en multipliant ses escomptes, et cependant ses escomptes n'ont pas sensiblement augmenté, ou s'ils ont augmenté, ils ne l'ont fait que dans la proportion où toutes choses se sont accrues. Et cela s'explique aisément. Si c'eût été l'argent qui eût manqué à la Banque pour accroître ses escomptes, la Banque avait anciennement 100 millions disponibles, qu'elle aurait pu consacrer à l'escompte avec beaucoup plus d'avantage pour elle qu'en les plaçant sur le grand-livre, et si elle ne l'a pas fait, c'est d'abord qu'elle n'escompte pas avec son capital, mais avec son crédit, et secondement qu'elle ne trouve pas de papier (je veux dire du bon papier) à volonté.

Si elle escomptait avec son capital, est-ce que

cent millions, deux cents millions même suffiraient à cinq ou six milliards d'escomptes? Évidemment non. La Banque, je le répète, fait ses escomptes avec son crédit, c'est-à-dire avec ses billets, qui circulent comme monnaie, tant qu'on a confiance en elle, et on a confiance en elle tant qu'on sait son portefeuille garni de bon papier, et ses caisses assez pourvues de métal pour rembourser ses billets à bureau ouvert. Son capital n'est dans ses mains qu'une garantie pour répondre des pertes qu'elle pourrait faire en prêtant mal son argent. Il peut servir aussi, dans certains moments, à un usage que j'indiquerai tout à l'heure, mais jamais à l'escompte.

C'est ce qui explique comment après avoir doublé son capital, elle n'a pas fait plus d'escomptes qu'auparavant; et ce n'est pas non plus mauvaise volonté de sa part, car, ainsi que je le disais tout à l'heure, elle ne demanderait pas mieux que d'avoir son portefeuille toujours bien rempli, parce que ce serait le moyen d'opérer de plus grandes recettes, et de distribuer de plus forts dividendes à ses actionnaires. Mais il ne dépend pas d'elle d'en avoir autant qu'elle en désire. Oh! assurément, si elle voulait du mauvais papier, la quantité en pourrait augmenter beaucoup, et néanmoins pas autant qu'on l'imagine. Mais apparemment ce n'est pas le conseil qu'on lui donnerait, et on veut sans doute qu'elle n'admette à l'escompte que le papier sain et sûr. Or, depuis plus de six mois, elle a plus de sept cents millions dans ses caisses qui ne lui rapportent aucun intérêt, et s'il dépendait d'elle d'élargir ses escomptes, elle escompterait bien volontiers deux cents millions de plus, qui, en faisant sortir la moitié au moins de cette somme en billets, lui laisseraient encore une ressource métallique de cinq à six cents millions, bien supérieure à ses besoins, et lui procureraient en même temps de grosses recettes.

C'est donc la preuve qu'accroître le capital de la Banque, ce n'est pas lui donner le moyen d'étendre ses affaires, c'est-à-dire d'accroître ses escomptes. Il n'y a pas un homme éclairé aujourd'hui qui ait un doute à cet égard.

Maintenant, abordant sous un autre point de vue la question du capital de la Banque, on peut se demander s'il serait possible, avec ce capital employé d'une certaine manière, par exemple constamment conservé en métal, de parer aux crises, et de les rendre impossibles? Examinons ce second point.

D'abord qu'on ne croie pas que les quatre ou cinq millions que la Banque perdrait annuellement en intérêts, si elle laissait cent millions de plus en écus dans ses caisses, seraient payés par les actionnaires de la Banque, auxquels, je le sais, on ne s'intéresse guère. Je ne suis pas, je n'ai jamais été du nombre de ces actionnaires, et je ne vois en eux que l'intérêt public. Mais voici ce que révèle la plus simple observation des faits. Les capitaux sont libres, et ils vont là où leur avantage les appelle. Si on retranchait ces quatre ou cinq millions par an à l'actif du bilan de la Banque et par conséquent au revenu de ses actions, ce seraient les actionnaires qui en souffriraient d'abord, cela est incontestable, puis peu à peu, les capitaux se vengeraient en se retirant des actions, et pour les ramener il faudrait leur rendre les bénéfices dont on les aurait privés, ce qui ne serait possible qu'en élevant l'escompte. Tenez pour certain que c'est toujours le consommateur qui finit par payer les fautes commises contre le producteur, et ici le consommateur c'est le commerçant qui a besoin de faire escompter son papier. C'est lui, lui seul, qui finirait par payer les cinq millions d'intérêts perdus.

Mais il y a contre une pareille manière d'agir une raison plus décisive encore, c'est que les cent millions gardés en caisse n'y resteraient pas.

La caisse de la Banque de France est un des réservoirs du numéraire, et c'est certainement le plus grand qui existe. Mais ce n'est pas ce qu'on y peut mettre dans tel moment donné, qui fait qu'il est plus ou moins pourvu habituellement, et que tout à coup il déborde ou se trouve presque à sec. Si vous voulez vous faire de ce phénomène une idée juste, regardez ce qui se passe dans la nature, pour les eaux par exemple. Elles cherchent toujours le niveau, comme on dit, et si dans une contrée où elles s'accumulent sous forme de lacs ou d'étangs, la saison ou une opération artificielle vient à diminuer leur masse, vous verrez tous les réservoirs s'abaisser proportionnellement, parce que des canaux souterrains, qui échappent à notre vue, les mettent en communication constante quoique inaperçue. Il en est de même pour les capitaux; ils tendent au niveau, comme les liquides, par mille canaux que nous ne pouvons apercevoir. On en a une preuve frappante dans ce qui se passe à la Banque elle-même. Nous avons actuellement sept cent quarante millions environ dans ses caisses, et nous en avons eu quelquefois moins de cent, bien que la Banque n'eût rien fait pour cela. C'était l'état de ce vaste liquide qu'on appelle le numéraire, qui était la seule cause de ces prodigieuses inégalités; et peut-on croire que cinquante, cent millions de plus versés en une fois dans ce vaste réservoir, y auraient fait quelque chose? Évidemment non, et l'idée d'éviter les crises monétaires en laissant d'une manière permanente tout ou partie du capital de la Banque inactif dans ses caisses, est une pure illusion. Ce seraient cinq millions d'intérêt annuellement et inutilement perdus pour tout le monde, mais surtout pour le public qui a recours aux escomptes de la Banque.

C'est donc une fausse idée que de croire qu'une grande banque pourrait, en se servant de son capital, étendre ses escomptes, puisque, pour les étendre, ce n'est pas l'argent, mais le bon papier qui lui manque ; c'est encore une fausse idée de croire qu'en ayant cent millions de plus en écus dans ses caisses, elle pourrait prévenir toutes les crises monétaires, puisqu'on voit tour à tour, et très-naturellement, sa réserve métallique descendre de 700 millions à 200, à 100, même à moins, et que bien évidemment dans les mêmes circonstances 800 millions ne se conduiraient guère mieux que 700. Voyons cependant s'il n'y a pas un usage utile à faire de ce capital laissé en rentes, surtout dans les moments de crise.

D'abord distinguons entre les crises. Il y en a, et ce sont les plus importantes, qu'une banque peut toujours éviter à coup sûr ; il y en a d'autres qui ne dépendent pas d'elle, et ces dernières heureusement il est possible de les atténuer beaucoup, de les conjurer même tout à fait, et c'est pour ces cas que je crois très-utile le capital placé en rentes.

Les crises que la Banque peut toujours éviter, ce sont celles qui proviendraient d'une conduite imprudente et faible. Si la grande Banque dont je parle ne risque pas son crédit, si elle repousse tout ce qui n'est pas bon papier de commerce, si, entourée d'établissements collectifs qui sont dans le cas de recourir à elle, elle ne les traite pas autrement que ses divers clients, et ne prend leur papier qu'autant qu'il est d'une échéance sûre et prochaine, je ne sais pas de dangers possibles pour une banque ainsi dirigée, et j'en pourrais citer de nombreux et frappants exemples.

Ainsi la crise de 1826 est la plus grande que nous ayons vue en Europe dans le demi-siècle écoulé. J'étais bien jeune alors. J'avais les yeux à peine ouverts sur les affaires publiques, mais le retentissement en fut si long et si profond que je m'en souviens encore comme si c'était hier, et je puis même dire que mon éducation se fit au milieu des discussions que cette crise souleva. C'était au lendemain de l'émancipation définitive des colonies espagnoles, et les Anglais, qui sont fort ardents, fort passionnés en affaires, se précipitèrent follement dans les spéculations de tout genre engagées en Amérique. C'est à cette époque que des centaines de millions furent envoyés au Mexique pour en exploiter les mines. Jamais plus de folies commerciales ne furent commises à la fois. Notre pays y prit peu de part; M. de Villèle gouvernait la France et nos finances. La Banque de France, parfaitement conduite, s'en tenant à l'escompte tel que je l'ai défini, montra une solidité inébranlable, et seule en Europe échappa aux conséquences d'une crise universelle.

En 1830, conduite toujours d'après les mêmes errements, elle resta ferme, et put fournir au Gouvernement de ces secours prompts, passagers, dont je parlais tout à l'heure, et fondés sur l'escompte immédiat des bonnes valeurs du Trésor. En 1847, l'Angleterre se vit exposée à une nouvelle crise par la fougue des spéculations sur les chemins de fer, fougue bien naturelle du reste, puisque c'était le moment de leur première création. La France n'avait suivi le mouvement que de loin, mais elle l'avait suivi, surtout aux approches de 1847. La Banque s'était défendue en se maintenant dans cette sobriété de conduite dont je parle sans cesse; cependant il est impossible de n'être pas engagé à un certain point à la suite d'un public qui s'engage beaucoup lui-même. La Banque vit donc surgir autour d'elle d'assez grands embarras, et néanmoins je

suis convaincu que sans deux circonstances immen-
sément graves, c'est-à-dire sans une disette et une
révolution, la Banque n'aurait pas été amenée à la
suspension des payements de 1848. Une affreuse
disette, non atténuée par les chemins de fer dont
l'établissement commençait à peine, et surtout une
révolution qui ébranla tous les crédits à la fois, in-
dividuels ou publics, lui portèrent un double coup,
et il fallut suspendre le remboursement des billets
à bureau ouvert. Peut-être aurait-on pu se dérober
à cette dangereuse extrémité, mais c'était chose
hasardeuse, et très-heureusement la suspension
n'eut aucune suite fâcheuse, que le mauvais exemple attaché à une semblable mesure.

Mais je suis convaincu que sans le concours
extraordinaire d'une disette et d'une révolution,
la suspension aurait pu être évitée, et qu'une
banque peut toujours sauver son crédit quand elle
a la fermeté de conduite nécessaire. Toutefois il est
certaines crises, dites *monétaires,* qu'il n'est pas
toujours au pouvoir de la banque la mieux dirigée
de prévenir, et ce sont celles dont je vais vous
entretenir.

Il est possible en effet, qu'aucune faute commerciale n'ayant été commise ni par le pays ni par la banque, une nécessité impérieuse surgisse tout à coup, comme un achat de grains, un achat de coton, ou un emprunt à l'étranger, et qu'il faille envoyer au dehors des masses de métal, qui entraînent une diminution considérable de la réserve métallique. Toute la sagesse du monde ne saurait prévenir une telle difficulté, et il s'agit de savoir comment on peut, sinon l'empêcher tout à fait, l'atténuer du moins assez pour la rendre surmontable.

S'agit-il d'acheter des grains, on est obligé de traiter avec des agriculteurs russes, turcs, africains, auxquels il faut du métal. S'agit-il de se procurer une matière première, vaste, indispensable comme le coton, on est obligé de payer en Égypte, dans l'Inde, toujours en métal, et l'on a vu les Anglais eux-mêmes ayant grande peine à y suffire, et réduits à faire expédier directement l'or australien de Sidney ou de Melbourne à Calcutta.

Cependant ces circonstances sont en réalité plus alarmantes que vraiment dangereuses, et elles tendront sans cesse à l'être moins. D'abord il se prépare un marché colossal de grains à nos portes, c'est-à-dire en Angleterre, où l'on pourra toujours s'acquitter avec du papier. La Russie deviendra et devient de jour en jour plus commerçante, et on aura bientôt des moyens plus variés de s'acquitter envers elle.

Enfin, quant au coton, la plus importante des matières premières, la culture s'en répand dans le monde entier, et il est peu probable que nous revoyions ce que nous avons vu depuis quatre années. Quant aux emprunts faits pour des États étrangers, la difficulté a été, et peut être encore grave ; mais jusqu'ici elle a été atténuée par les fournitures qui étaient la compensation inévitable de ces emprunts, et qui ordinairement s'exécutaient dans les pays prêteurs. Quoi qu'il en soit, ces diverses espèces de crises se sont produites, se produiront encore, et pourront amener des embarras momentanés. Quel moyen d'y remédier ? Peut-on pour ce cas faire usage du capital ? Pour ma part, je le crois tout à fait.

C'est le cas ici de dire qu'une bonne conduite antérieure est toujours le plus sûr moyen de se tirer d'embarras. Qu'une banque n'ait commis antérieurement aucune faute capable d'altérer son crédit, que son portefeuille n'inspire aucune défiance fondée, qu'à son portefeuille plein de bonnes valeurs elle puisse ajouter un capital de 200 millions parfaitement intact, placé pour la majeure partie en rentes sur le grand livre, je demande qui pourra s'alarmer sérieusement d'une réduction même forte de son encaisse métallique, quand on saura le motif de cette réduction, quand on saura qu'elle provient non pas de folles spéculations, mais d'achats de grains ou de cotons? Je dis personne, pourvu que la banque elle-même ne se montre pas troublée.

Ne voyons-nous point, par exemple, autour de nous, dans des pays voisins (il ne s'agit pas de l'Angleterre bien entendu), des banques chargées de papiers d'État, n'ayant pas autre chose dans leur portefeuille, ne les voyons-nous pas émettre des billets en quantité, sans la garantie de la conversion facultative en métal, et malgré tout cela maintenir leur papier moyennant un agio de 8 à 10 pour cent? Et on s'alarmerait de voir la Banque de

France, n'ayant commis aucune faute, ayant un portefeuille excellent, exclusivement rempli d'effets de commerce d'une échéance quotidienne et sûre, ayant de plus un capital au soleil de 150 à 200 millions en rentes, on s'alarmerait de voir la Banque en face d'un encaisse qui diminuerait sensiblement, et arriverait de six à cinq, à quatre, à trois, à deux cents millions, si l'on veut? Je dis que cela n'est pas probable, et qu'on s'alarmera tous les jours moins d'une semblable crise, quand la cause en sera bien connue, et que la Banque n'aura rien fait qui puisse ébranler son crédit.

Je crains donc ces crises dites *monétaires* beaucoup moins qu'on ne les craint généralement, et je suis persuadé que, pourvu qu'elles soient exclusivement monétaires, elles présenteront tous les jours moins de danger. Il faut qu'on s'habitue à ces allées et venues du numéraire. Dans certaines saisons l'argent délaisse la Banque de France, à la fin de l'année notamment, pour aller payer les récoltes, tantôt le vin, tantôt le sucre, que sais-je encore? puis il rentre, uniquement parce qu'après avoir rempli son office, il revient à son gîte accoutumé qui est la Banque. Je crois, dis-je, qu'on s'habituera à tous ces mouvements, à la condition, je le répéterai toujours, qu'un discrédit mérité n'en soit pas la cause.

Il y a d'ailleurs des moyens de rendre ces crises moins sensibles, et le principal c'est de maintenir constamment dans le pays une puissante circulation en argent.

Tout à l'heure je me suis attaché à réfuter ceux qui ne veulent admettre dans aucune proportion la monnaie de papier. C'est de leur part une évidente exagération, et on ferait renaître tout de suite les banques de dépôt, si on n'admettait pas dans la circulation le billet de banque bien garanti. Mais, comme je l'ai dit, la part une fois faite au besoin d'une monnaie commode et économique, il ne faut point aller au delà; il faut surtout que l'introduction de la monnaie de papier n'ait pas pour but de suppléer aux métaux dont manquerait la richesse publique, et qu'elle se borne à remplacer les métaux là où leur poids les rend trop incommodes, là où leur valeur les rend trop coûteux. Dans cette mesure on est dans la limite du besoin, c'est-à-dire de la vérité.

Ainsi en France on suppose que nous avons quatre milliards de métal, billon, argent, or. Quelquefois on a dit trois, et quelquefois cinq. Je dis quatre comme le chiffre le plus probable. Eh bien, la Banque de France ajoute à cette circulation un milliard de billets, heureusement très-sûrs, et le tout fait cinq milliards. Je crois que c'est bien, très-bien, et j'en juge par un phénomène curieux. On a voulu multiplier les petites coupures, celles de cinquante francs notamment, et elles n'ont pas pénétré dans la circulation. Le public livré à lui-même n'en a pas admis pour plus d'une trentaine de millions. Le billet de mille francs a toujours été le plus répandu, beaucoup plus que celui de cinq cents, preuve que la monnaie de papier est naturellement réservée pour les gros payements, et que la circulation courante, celle de tous les moments, se fait en métaux, ce qui est en soi excellent. Le métal vaut mieux que le papier pour l'usage d'un grand pays. C'est un sang fort au lieu d'un sang débile dans les veines du corps social. Supposez une bataille perdue, ce qui heureusement n'a pas été depuis longtemps notre sort, et on apprécierait bientôt combien il vaut mieux avoir de l'or que du papier dans la poche du public. Chaque événement malheureux retentit douloureusement dans tout pays où la circulation se fait en papier.

Je souhaite donc pour ma part que les petites coupures n'ayant pas réussi chez nous, on s'en tienne à cette indication, et qu'on n'insiste pas pour les introduire, et outre les raisons que je viens de déduire, j'en donnerai une spéciale au sujet qui nous occupe, c'est que les crises monétaires en deviendront moins redoutables. Supposez en effet qu'il faille acheter du blé pour cent, deux cents, trois cents millions de francs, cette sortie de métal sera bien moins sensible dans un pays où il y aura quatre milliards de numéraire que dans un pays où il n'y en aura que trois. C'est là une considération qui m'a toujours préoccupé quand on a voulu étendre en France la monnaie de papier. Tout en la défendant contre les exagérations qui tendraient à la proscrire, je voudrais cependant la retenir dans des limites très-arrêtées, pour qu'en l'introduisant au delà du nécessaire, on ne fasse pas fuir le métal. Je le désire pour la bonne constitution sociale et économique du pays, je le désire surtout comme moyen d'atténuer les crises monétaires.

Après ce moyen préventif, reste l'emploi à faire dans certains moments du capital de la Banque. Il y a d'abord un moyen que je repousse absolument.

Si on voulait, le jour d'un embarras monétaire ou d'un embarras quelconque, aliéner tout ou partie du capital de la Banque, en jetant sur la place les rentes qui le représentent, on doublerait, on triplerait l'embarras auquel on aurait cru parer. On ferait rentrer plus de papier que de métal, après avoir contribué à la chute de toutes les valeurs, dès lors au discrédit, dès lors à la sortie du numéraire des caisses de la Banque.

Mais il y a un moyen fort simple, et dont nous avons eu un exemple frappant. Vous vous souvenez tous de ce qui arriva il y a quelques années, lorsque dans une disette, pendant laquelle il fallut acheter beaucoup de blé en Russie, l'empereur Nicolas se fit acquéreur d'environ cinquante millions de rentes (capital bien entendu) appartenant à la Banque de France. L'opération fut non-seulement un bon procédé envers notre pays, mais une opération financière des mieux entendues. La Russie avait intérêt à vendre du blé autant que nous à en acheter, mais le moyen de liquider les achats allait manquer, et l'empereur Nicolas, bien conseillé, le créa tout de suite en acceptant une somme de rentes d'environ cinquante millions. Il ouvrit des crédits à notre commerce pour pareille somme, et les achats se trouvèrent soldés en papier au lieu de l'être en métal.

C'est là une indication des plus instructives, et ce n'est pas la seule. En 1849 ce fut la Banque de France qui vint au secours de la Banque d'Angleterre en lui prêtant de l'or et de l'argent dont on avait à Londres un besoin urgent. Le bénéfice fut grand pour toutes deux. Eh bien, je dis qu'une banque comme celle de France, ayant, bien entendu, toujours sauvegardé son crédit par l'exclusion du papier douteux, ayant ainsi un bon et solide portefeuille contre-partie de ses émissions, et en outre un capital de 200 millions, sous la forme réputée la plus disponible, celle des rentes sur l'État, ne sera jamais sérieusement embarrassée, et pourra, sans aliéner ses rentes par une vente instantanée sur la place, entreprendre une opération financière dont son capital sera le gage solide et partout accepté, partout acceptable.

Je ne crois ni à la paix perpétuelle, ni même à la fraternité des peuples, non pas que je n'eusse grand plaisir à croire à l'une et à l'autre, mais parce que les faits de ce monde, et de ce temps notamment, ne m'encouragent guère à concevoir une semblable illusion. Mais je crois à la marche du temps, à un certain progrès lent, mais réel, et de même que je vois des âmes généreuses s'ingénier à diminuer les horreurs du champ de bataille par des secours donnés aux blessés, de même je crois qu'un certain sentiment de solidarité commence à se faire jour chez les peuples, et qu'on pourra obtenir qu'ils se secourent mutuellement, surtout lorsqu'ils y trouveront, outre un progrès pour tous, un profit pour eux. De même que la Banque de France a secouru la Banque d'Angleterre, et que la Russie a aidé une fois la Banque de France, ce genre de secours pourra devenir plus habituel dans les cas où les crises ne seront point universelles, et seront purement locales.

Restent enfin les achats de métaux, comme moyen extraordinaire, et que je suis loin de dédaigner.

Il est de mode depuis quelque temps de se railler de ces achats opérés par la Banque à diverses époques. J'avoue que je ne saurais partager l'avis des esprits forts qui se livrent à ce genre de raillerie. Oh! je sais bien que lorsque la Banque a acheté quarante, cinquante millions et davantage de métaux précieux, elle a été pour une somme plus ou moins forte victime de certaines fraudes, et que quelques-uns de ceux à qui elle a acheté et payé ces métaux, sont venus les reprendre à sa caisse le jour ou le lendemain en présentant au remboursement pareille somme de billets. Mais d'abord il leur a fallu rapporter des billets pour ravoir ces métaux, et ce sont les émissions qui ont diminué d'autant. De plus, si la Banque a pu essuyer ce que j'appellerai des infidélités, ce n'est que pour une faible portion. Les métaux précieux ne s'achètent pas au premier venu. Il y a peu de maisons qui pratiquent ce grand commerce en Europe, trois ou quatre peut-être, et lorsque dans des situations graves on s'adressera à elles pour des sommes considérables, on a une suffisante certitude qu'elles ne se livreront pas à la fraude vulgaire qu'on pourrait redouter de la part d'un simple changeur, et disons-le, d'un changeur subalterne, qui s'en irait le soir retirer de la Banque les métaux qu'il lui aurait vendus bien cher le matin. Des fraudes semblables ne se commettent pas pour des sommes de cinquante, soixante, quatre-vingts millions, sans qu'on les découvre, et la Banque a, dans certaines circonstances, traité pour des sommes non seulement égales, mais plus fortes.

Ces achats lui coûteront cher, cela est vrai, mais c'est là l'emploi naturel des profits qu'elle s'assure en élevant l'escompte, et c'en est non-seulement l'emploi, mais la plus légitime, la plus honorable justification.

Toutefois je voudrais que la Banque s'y prît de plus loin pour opérer ces genres d'achats. Le seul commerce que les lois constitutives de la Banque lui permettent est celui des métaux précieux, et ces lois ont prouvé à cet égard une véritable sagacité. En effet, s'il y a un commerce naturel pour un établissement de cette espèce, à qui l'escompte seul est permis, c'est celui des métaux précieux, puisqu'une partie de son œuvre doit consister à tenir toujours en équilibre la circulation en métal et la circulation en papier, au moyen d'une réserve métallique constamment proportionnée aux besoins. Eh bien, je regrette pour ma part que la Banque ait longtemps négligé ce commerce, et qu'elle l'ait abandonné uniquement à la Monnaie.

L'établissement de la Monnaie ne doit être que le manufacturier de la monnaie métallique, c'est à la Banque à en être le négociant, en lui procurant les matières premières dont il a besoin. Et je suis sûr que, si, aujourd'hui où la production des métaux précieux s'est tant étendue, tant diversifiée dans le monde, le gouvernement de la Banque s'appliquait à nouer des relations ayant pour objet les matières d'or et d'argent, et si elle se faisait ainsi un des aboutissants de ce commerce, elle parviendrait à s'assurer des sources d'approvisionnement qui ne lui feraient pas défaut dans les moments difficiles.

Les crises monétaires, d'ailleurs, s'annoncent par

des symptômes certains. On sait de bonne heure si les récoltes ont été bonnes ou mauvaises, s'il n'y aura pas à opérer sur quelque point éloigné des acquisitions extraordinaires de telle ou telle matière première, si tel gouvernement étranger n'aura pas recours à nos capitaux pour un emprunt ou pour une grande entreprise de travaux publics, et je suis sûr que le gouvernement de la Banque; entouré des chefs du commerce, toujours bien informé par eux, ayant pris l'habitude de la prévoyance, et acquis la pratique des affaires de métaux, pourrait contribuer puissamment à maintenir la proportion nécessaire entre la circulation en papier et la circulation en métaux, ce qui est sa mission spéciale, et la condition fondamentale de son privilége.

On dit, il est vrai, que l'or et l'argent ne peuvent s'acquérir qu'avec des billets, et que si d'un côté on augmentait la réserve métallique, de l'autre on augmenterait les émissions. Mais comme on peut, avec *un* en métal, faire face à *trois* en papier, il y aurait toujours grand avantage à donner *un* contre *un*, en achetant de l'or avec des billets. Seulement, il en pourrait coûter cher, et c'est ce qui

justifierait en partie les élévations d'escompte, car il
est juste que le public paye les dépenses faites pour
lui procurer les métaux précieux dont il a besoin.
D'ailleurs, je suis certain que dans une crise qui ne
serait que *monétaire*, la Banque pourrait toujours,
avec son crédit et son capital, nouer une opération
financière qui la dispenserait de payer les métaux
avec ses billets. Je suis certain que, sous ce rapport, il reste à faire; que le temps suggérera des
combinaisons nouvelles, et je me suis même demandé si la fusion de la Banque et de la Monnaie ne
serait pas une de ces combinaisons, et s'il n'en ré-
sulterait pas pour la Banque l'obligation, le moyen
et l'habitude de s'appliquer à l'approvisionnement
des métaux précieux, ce qui est, je le répète, sa
mission véritable et essentielle, puisqu'à elle appar-
tient la charge de maintenir la proportion convena-
ble entre la circulation en papier et la circulation en
argent. Du reste, ce sont là des vues, des doutes que
j'émets, et c'est aux hommes spéciaux à y penser.

Voilà ce que j'avais à dire sur l'emploi du capital
de la Banque. Le vendre tout à coup le jour d'une
crise, ou bien l'avoir habituellement en métal, ne

servirait de rien, car le vendre tout à coup ce serait aggraver la crise, et l'avoir habituellement en métal ce serait s'exposer à le voir se fondre peu à peu dans l'immensité de la circulation générale, revenir peut-être dans les moments de stagnation métallique où l'on n'en aurait pas besoin, pour disparaître au contraire quand il faudrait l'avoir, et entraînant dans tous les cas une perte d'intérêt suivie bientôt d'un renchérissement d'escompte. Au contraire, conservé libre sous la forme modérément fructueuse et parfaitement disponible des rentes sur l'État, ce capital de la Banque demeure comme un gage tout-puissant qui, dans des circonstances difficiles, procurera des ressources certaines, quelque graves qu'on suppose les circonstances.

Reste maintenant à vous entretenir d'un dernier sujet, ce sont les variations de l'escompte. Ces variations, je les regrette et les déplore, car outre le mal réel qu'elles causent, elles deviennent un sujet d'accusation contre notre grand établissement de crédit, lequel est une des forces essentielles du pays. Il est incontestable que les brusques élévations de l'escompte ont de graves inconvénients, et causent au commerce de véritables douleurs, surtout en province. Laissons un moment de côté le commerce à vastes spéculations, qui a sa très-grande importance assurément, mais qui n'est pas tout, et occupons-nous du commerce moyen, qui pourvoit aux besoins essentiels de la vie, qui est matériellement le plus considérable, et moralement le plus intéressant par la modestie de ses prétentions, par la modicité de ses bénéfices. Ce commerce par sa nature est moins aléatoire. Gagnant moins, il faut aussi qu'il perde moins. On répète souvent, et je crois qu'on a raison, que s'il gagne dix pour cent, dont cinq applicables à l'intérêt de ses capitaux, et cinq à son travail, il doit être satisfait. Mais ces dix pour cent, il faut qu'il les gagne, ou il court risque d'être ruiné. Or supposez qu'obtenant ordinairement des capitaux à cinq pour cent, il voie tout à coup la Banque porter son escompte à 6, à 7, à 8, à 9 pour cent, et cela pendant plusieurs mois, il est aussitôt condamné à voir s'évanouir les bénéfices de l'année, sans compter que ces élévations l'atteignent de deux manières, par le renchérissement des capitaux, et par la mévente qui suit toutes les crises. Il n'est donc pas étonnant qu'il souffre, dès lors qu'il se plaigne, et se plaigne fort. Pour moi, je regrette les temps où l'intérêt de la Banque restait fixé au taux de 4 pour cent pendant vingt-cinq ans de suite.

J'ai consulté à ce sujet des banquiers de province, et j'ai acquis, en confrontant leurs dires, la conviction qu'en province surtout, les variations de l'escompte avaient des conséquences extrêmement fâcheuses. Plus en effet on descend dans l'échelle commerciale, et plus le contre-coup de ces brusques variations devient sensible, et c'est ce qui fait que le commerce de province en souffre plus que celui de Paris, et qu'à Paris même le petit commerce en souffre plus que le grand.

Mais est-il possible d'éviter ces hausses et ces baisses d'escompte, dans la situation nouvelle que l'ardeur des spéculations a créée à toutes les classes de commerçants? J'en doute pour ma part, et bien qu'en général j'aie sur toutes choses des opinions fort arrêtées, et que je ne sois sous aucun rapport ce qu'on appelle un esprit sceptique, cependant sur ce sujet je suis en proie à de véritables perplexités. La vue très-claire que j'ai des souffrances du petit commerce lorsque l'escompte varie brusquement, me ferait désirer de venir ici à son aide, et à côté de cela je n'en discerne pas clairement les moyens.

D'abord, on ne peut en pareille matière procéder par voie de contrainte législative. J'ai souvent dit à ceux qui se plaignent de l'escompte élevé, et avec lesquels je sympathise sincèrement, je leur ai dit : Voudriez-vous qu'on réglât par une loi le taux de l'escompte ? — Et je n'en ai jamais trouvé un seul, qui, après un peu de réflexion, me répondît affirmativement. Fixer le taux de l'escompte par une loi serait tout simplement le *maximum* appliqué aux capitaux. Les capitaux sont une marchandise dont le prix, comme celui de toutes les marchandises, doit dépendre de l'offre et de la demande. Plus que toutes autres même ils ont besoin de cette liberté, par la raison qu'ils se la donnent eux-mêmes en s'enfuyant, si on ne la leur laisse pas. On n'exercerait donc à leur égard qu'une tyrannie qui joindrait à l'odieux de la contrainte le ridicule de l'impuissance.

Si donc on ne peut fixer légalement le taux de

l'escompte pour les particuliers, il n'est pas plus aisé de le fixer pour la Banque de France, par la raison que la Banque de France est après tout un établissement particulier, ayant bien quelques rapports spéciaux avec son principal client qui est l'État, mais libre néanmoins à son égard comme à l'égard de tout autre commerçant, et, dans ses rapports avec l'État lui-même, ne reconnaissant que la loi de l'offre et de la demande.

Aucune contrainte légale ne pouvant donc être employée pour régler le taux de l'escompte, on ne peut procéder pour ainsi dire que par voie de conseil, peut-être tout au plus par voie d'organisation, en attribuant, par exemple, dans le Conseil de la Banque, plus ou moins de représentants au commerce, comme je l'indiquais tout à l'heure.

Mais ce sont là des moyens indirects et nullement coercitifs. Seulement ces moyens, tout indirects qu'ils soient, sont loin d'être inefficaces. La Banque de France est un vaste établissement agissant au grand jour, sous les yeux du public, exposé à ses jugements, ne pouvant se passer de sa confiance, et, par ces motifs, tenant beaucoup de compte de l'opinion publique. Nous avons pu nous en convaincre depuis que cette enquête est ouverte, car déjà la Banque veille avec soin sur les variations de l'escompte, et elle s'y livre avec infiniment plus de mesure. Ce n'est pas du reste sur elle seule que cette enquête a agi. Que d'absurdités on débitait sur les questions de crédit, et qu'on n'ose plus répéter aujourd'hui, du moins avec autant de confiance qu'autrefois! Que d'attaques contre la Banque de France elle-même, qui ne se reproduisent plus que dissimulées, atténuées, presque réduites à rien! C'est là l'effet ordinaire de la mise en présence des opinions contraires, avec faculté de se combattre les unes les autres, de la liberté en un mot, qui est partout le flambeau de la vérité.

Je crois donc que la formation d'une opinion saine sur ce sujet est le meilleur moyen d'arriver à un résultat utile.

D'abord il faut reconnaître que dans l'état actuel des choses, la Banque ne saurait plus être, comme autrefois, un simple comptoir d'escompte, pouvant toujours se subordonner au prix des capitaux assez uniforme dans le petit commerce. Contre son gré, elle a été associée dans une certaine mesure aux grandes spéculations contemporaines, et obligée d'en subir les hauts et les bas, non pas qu'elle ait spéculé elle-même, mais parce qu'elle n'a pas pu refuser le papier des nombreux établissements mêlés aux spéculations de notre époque. Elle a été contrainte, par une loi que je regrette, à prêter sur dépôt de valeurs, loi d'ailleurs corrigée depuis quelque temps par une meilleure pratique. Mais enfin elle a eu jusqu'à plusieurs centaines de millions engagés de cette manière, et dès lors elle s'est trouvée quelque peu détournée de ses voies ordinaires, et entraînée à un certain degré par le mouvement général imprimé à toutes choses. Il a fallu par une conséquence naturelle subir les brusques variations du prix des capitaux, et de la sorte le petit commerce s'est trouvé associé aux chances du grand, mais malheureusement sans en partager les bénéfices quand il y en a eu. C'est ce qui me fait, et me fera toujours insister pour qu'un grand établissement de banque, autorisé à émettre de la *monnaie fiduciaire*, se restreigne à l'escompte seul, et s'abstienne de toute participation directe ou indirecte à ce qui est spéculation, car la conséquence forcée c'est non-seulement d'être associé aux risques de la spéculation, mais de l'être aussi aux renchérissements des capitaux.

Une autre cause des variations de l'escompte, c'est l'extrême solidarité qui s'est établie entre les grandes places de l'Europe, et qui les met en communication instantanée les unes avec les autres. Il est devenu difficile, en effet, de rester à 3, à 4 pour cent, quand on était à 7, à 8, à 10 sur la place de Londres, avec laquelle Paris communique par le télégraphe en une demi-heure, et par chemin de fer en une demi-journée.

Telles sont les causes du phénomène dont on se plaint. Toutefois, si l'empêcher absolument est impossible, le modérer, le réduire, me semble possible et désirable, et heureusement la Banque y tend, parce qu'elle voit que c'est un vœu impérieux de l'opinion publique, et aussi parce que l'utilité de recourir à une hausse d'escompte ne paraît pas toujours démontrée.

En Angleterre, en effet, on répète que hausser l'escompte est le moyen de réparer le mal causé par les excès de la spéculation. En faisant, dit-on, monter brusquement le prix des capitaux, on contraint les détenteurs de marchandises, qui ont spéculé follement, à mettre fin à leur spéculation par la vente de leurs marchandises, soit à l'intérieur, soit à l'extérieur. Sur-le-champ alors la situation se trouve détendue, parce que les ventes amènent des capitaux, soit du dedans, soit du dehors, améliorent ainsi le change, et font reparaître l'argent. Ce qui est vrai au surplus de la spéculation sur marchandises, l'est aussi de la spéculation sur les valeurs de Bourse. En forçant les spéculateurs à se dessaisir on ramène les capitaux vers les valeurs, et on met ainsi un terme à la crise. C'est ce que, dans le monde de la spéculation, on appelle *exécuter les joueurs* à la hausse ou à la baisse.

Soit, mais si c'est là un remède de quelque efficacité dans les pays où, comme en Angleterre, on spécule beaucoup sur les valeurs et particulièrement sur les marchanchises, je crois le moyen moins pratique en France, où la spéculation, celle des marchandises surtout, est infiniment moindre.

Quant à l'utilité de l'élévation d'escompte comme

frein, j'y croirais si on avait le courage de l'employer à temps. Oh! sans doute, si lorsque la spéculation commence à prendre le pas accéléré, on avait le courage de l'avertir par un renchérissement subit des capitaux, je comprendrais l'emploi du frein, et dès lors son utilité. Mais à son début la spéculation est ordinairement prospère. Tout va bien alors, parce que tout le monde gagne ou croit gagner. Toutes les valeurs montent, et serait bien mal venu l'établissement de banque qui oserait, au milieu de l'enivrement universel, troubler cet état de fièvre, qu'on appelle *la prospérité* pendant qu'il dure.

C'est quand la spéculation, arrivée à son excès, cesse d'être aussi prospère, que l'inquiétude générale autorise les directeurs des grandes Banques à déployer leur prudence tardive, et à serrer le frein. Mais ce n'est plus un frein alors, c'est un instrument de mort appliqué aux téméraires qui n'ont pas su tirer cette prudence d'eux-mêmes. On n'a pas arrêté la spéculation lorsqu'il l'aurait fallu et qu'on l'aurait pu, et ne l'ayant pas empêchée à propos, on la tue, pour abréger la durée du mal.

Je ne crois donc pas beaucoup au renchérissement de l'escompte comme frein, parce qu'il est toujours employé trop tard. Mais examinons-le d'un autre point de vue, et cherchons s'il est un moyen efficace de retenir nos capitaux, surtout nos capitaux métalliques, lorsqu'ils tendraient à s'échapper vers les pays voisins. N'y a-t-il pas, en effet, un vrai danger à tenir notre escompte à 5, à 6 au plus, lorsqu'à Londres ou à Francfort il serait à 8, à 9, à 10 par exemple? Pour ce cas, je comprends les craintes qu'on éprouve en voyant créer tout près de soi un si violent attrait pour nos capitaux, attrait qui pourrait les faire émigrer instantanément, car les capitaux sont cosmopolites, et, payés à 10 pour 100 à Londres lorsqu'ils le sont à 5 ou à 6 à Paris, il est naturel qu'ils s'en aillent là où le gros intérêt les appelle.

On comprend, en effet, une spéculation établie sur cette différence d'intérêt, mais il s'élève bien des objections contre cette manière de raisonner. D'abord, si lorsque la Banque d'Angleterre augmente démesurément son escompte, le public des capitalistes anglais suivait ce mouvement, il pourrait alors devenir dangereux de se tenir dans une trop grande inégalité. Mais on a remarqué, et on le remarque en ce moment même, que les capitaux privés sont quelquefois de 2, de 3 pour cent en arrière de la Banque d'Angleterre, lorsqu'il lui plaît d'élever si haut son escompte, ce qui prive les spéculateurs du bénéfice qu'ils feraient, puisque sans recourir à Paris il serait possible de trouver à Londres même des capitaux à un taux bien moindre que celui de la Banque d'Angleterre. Il resterait encore, il est vrai, une différence d'intérêt entre Londres et Paris, mais elle ne serait plus assez grande pour que la spéculation fût très-fructueuse. C'est ce qui permet de douter que tout notre numéraire fût prêt à s'écouler vers l'Angleterre, si on ne se hâtait de mettre notre escompte à la hauteur du sien.

D'ailleurs il y a le fait actuel, qui prouve que l'un des bassins n'est pas toujours prêt à s'écouler vers l'autre, malgré leur extrême voisinage. Ainsi notre escompte est à 5 pour cent depuis plusieurs mois, tandis qu'il est à 8 et à 9 en Angleterre depuis plusieurs mois aussi, sans que les sept cent quarante millions de notre réserve métallique se soient précipités vers la place de Londres. Cette plénitude métallique de Paris se maintient donc à côté de la disette de Londres, malgré une différence d'intérêt de 3, de 4 pour cent dans l'escompte des deux Banques.

Il faut avouer cependant que cet exemple ne prouve pas tout ce que voudraient lui faire prouver les adversaires des variations de l'escompte. L'Angleterre a toujours à nous payer beaucoup, soit pour son propre compte, soit pour celui d'autrui, et en ce moment plus que de coutume. Puis dans les circonstances présentes, le papier français, inspirant plus de sécurité aux capitaux que le papier anglais, parce qu'en France on n'a pas commis les mêmes excès de spéculation ni à l'égard du coton, ni à l'égard des créations de banques fictives, les capitaux aiment mieux venir s'abriter chez nous, et il y a de ce fait une expression frappante, c'est l'état du change. Le change a été dans presque tous les temps à l'avantage de l'Angleterre, et aujourd'hui il l'est à celui de la France ; c'est que dans toute l'Europe on demande du papier sur Paris, et non du papier sur Londres, ayant une entière confiance dans le premier et une médiocre dans le second, ce qui démontre qu'en n'imitant pas la folie des banques anglaises, nous n'avons pas été si éloignés que le prétendent certains économistes des véritables principes du crédit.

De là il résulte une précieuse indication, c'est qu'il faut tenir grand compte de l'état du change, car du moment où, grâce au taux du change, il en coûterait, pour avoir du papier sur Londres, plus cher qu'il n'en coûterait pour y transporter nos monnaies et les refondre en monnaies anglaises, notre réserve métallique pourrait bien s'échapper rapidement, à moins que tout de suite on ne rendît ce genre d'opération infructueux par une élévation proportionnelle de l'escompte.

Donc, tout en admettant ce qu'il y a de douloureux et souvent d'inefficace dans les variations de l'escompte, je reconnais qu'on ne peut s'y soustraire entièrement, mais je conclus à leur modération toujours plus grande. La Banque semble entrer dans cette voie, et pour moi je l'en félicite, en reconnaissant néanmoins qu'elle ne peut pas rester immuable dans ses prix, tandis qu'à côté d'elle, à

Londres, à Francfort, à Amsterdam, à Vienne, le prix des capitaux varierait de deux, trois, quatre, et même cinq pour cent. Je voudrais seulement qu'elle se tînt fort en arrière de ces hausses comme de ces baisses extrêmes. Elle vient, par exemple, de rester obstinément à 5 quand à Londres on était à 8, à 9; eh bien, s'il plaît à Londres de descendre à 3, j'aimerais fort que la Banque de France ne descendît pas au-dessous de 4, résolue à ne pas remonter au-dessus de 5 ou 6 plus tard. Je crois que là est le vrai, le sage, l'utile, et que sans revenir à l'immobile quatre pour cent de la Restauration, ce que les temps actuels ne comportent plus, je me garantirais des extrêmes de 3 et de 10, pour me tenir aux termes plus modérés de 4 et 6, car autant que possible, je le répète, il ne faut pas que, par l'intermédiaire de la Banque de France, le petit commerce soit associé aux aventures du grand, et en ait les mauvaises chances, n'en ayant pas les bonnes.

Je crois, Messieurs, avoir parcouru les diverses questions que soulève un si vaste sujet. Sans exclure la pluralité des établissements de crédit lorsqu'ils ne sont pas autorisés à émettre de la *monnaie fiduciaire*, je repousse absolument cette pluralité quand il s'agit d'un établissement autorisé seul à émettre cette portion de papier dont la circulation ne peut point se passer. Pour ce cas je désire, quant à moi, un grand établissement national, qui, restant étranger à toute spéculation, réduit rigoureusement à l'escompte du papier de commerce, pourra procurer les capitaux à bon marché, offrir au public une *monnaie fiduciaire* infaillible, et, grâce à son immense disponibilité de ressources, remplacer auprès du Gouvernement le moyen grossier et barbare de la thésaurisation. Voilà ce que m'ont inspiré les réflexions et les expériences d'une longue vie, employée tout entière à observer les faits, quelquefois à y concourir comme membre du Gouvernement ou des Chambres, et toujours à me garantir des illusions, sans fermer les yeux cependant aux phénomènes nouveaux dont il faut tenir compte aussi bien que des anciens.

Je vous ai retenus longtemps, mais en terminant je m'aperçois que pour répondre à tous les points de votre Questionnaire, il me reste à dire un mot de ces établissements de crédit, qui sont destinés non pas à procurer le *prêt à court terme*, comme les banques d'escompte, mais le *prêt à long terme*, comme le Crédit foncier, par exemple, ou le Crédit mobilier, et quelques autres établissements de la même nature.

Sur ce sujet je dirai peu de chose, parce qu'il est délicat d'y toucher, et que, sans qu'on le veuille, il prête à des allusions dont je désire absolument m'abstenir. Je ne dissimulerai pas toutefois que ces sortes d'établissements m'inspirent une certaine appréhension, même quand ils sont conduits avec sagesse, et je reconnais volontiers qu'ils ont été dirigés en France beaucoup plus prudemment qu'ailleurs, car très-heureusement nous n'avons pas assisté aux catastrophes qui depuis un an tiennent l'Angleterre sous le coup d'une crise cruellement énervante. Je ne puis nier cependant que je les crains, et je vais vous dire tout de suite les motifs de mes craintes.

Le but de ces établissements, c'est de ménager le *prêt à long terme*, tandis que les banques d'escompte, celles dont je viens de m'occuper, sont destinées à procurer le *prêt à court terme*. Je rappelle l'exemple élémentaire que j'ai déjà cité. J'achète, si je suis tailleur, du drap à un fabricant de drap, que je lui solde au moyen d'un effet à six mois. Avec ce drap je confectionne des habits qu'on me paye en général dans le courant d'une demi-année, plus ou moins, et je rembourse ainsi l'effet que j'ai émis, lequel est resté trois mois dans le portefeuille du marchand de drap, et trois dans le portefeuille d'une banque d'escompte. Le capital, qui n'est, d'ailleurs, jamais très-considérable, a été par conséquent reconstitué en six mois. Son renouvellement a rendu l'opération facile, et a permis d'émettre un billet de banque remboursable à bureau ouvert, parce que le prompt renouvellement du capital répond par sa célérité à l'obligation de convertir les billets de banque en métal lorsque le public le demande.

Mais il ne saurait en être ainsi dans le *prêt à long terme*. Il s'agit, par exemple, d'un chemin de fer à construire dans un grand et riche pays, comme la France ou l'Angleterre; il s'agit d'un canal, d'un pont à péage, ou, si vous voulez, de prêts à faire à la propriété foncière pour améliorer ses cultures, ou pour élever des habitations. Tout cela est excellent en soi. Le chemin de fer peut être une source de prospérité soit pour le pays où on l'établit, soit pour les capitalistes qui l'entreprennent. Mais le capital ne reviendra que dans dix ans, quinze ans, vingt ans peut-être, après que l'entreprise ayant prospéré, les capitalistes prudents trouveront opportun d'y placer leurs épargnes.

Il faut donc attendre que le temps ait prononcé sur le mérite de ces entreprises, et, en attendant, faire l'avance à la grande industrie des capitaux dont elle a besoin. On parle des merveilles du crédit, et on dit que moyennant le crédit, on peut procurer tous les capitaux imaginables à ces entreprises. C'est ce que je ne crois pas, et c'est l'erreur établie à cet égard qui amène tant de ruines, et tant de fâcheuses stagnations à la suite de ces ruines.

Ces chemins, ces canaux, ces ponts, ces vastes constructions, ce n'est pas avec du papier qu'on peut les créer, c'est avec des matières premières, fer, bois, pierres à bâtir; c'est avec des ouvriers enfin, et avec des aliments, des vêtements pour nourrir ou habiller ces ouvriers. Créer du papier, c'est créer la représentation anticipée de toutes ces choses, ce n'est pas créer ces choses elles-mêmes. Si donc vous voulez dépasser les moyens réels d'une société, vous créez du papier et rien de plus. Au lieu de papier, vous créeriez des métaux que vous feriez un peu mieux, mais pas beaucoup mieux, surtout si vous veniez à multiplier les métaux au delà des besoins de la circulation. Ce sont là des notions élémentaires, et qui sont présentes à tous les esprits non infatués de vaines théories.

Pourtant il est possible que ces entreprises présentant de grands avantages, une sorte d'engouement s'empare tout à coup du public, et qu'il apporte là tous les capitaux dont il peut disposer. Mais alors que fait-il? Il retire ces capitaux de leurs autres emplois; il les enlève à telle ou telle industrie, à la terre surtout, pour les apporter à la Bourse où se négocient les actions, et on peut alors très-facilement se faire illusion, et prendre pour création de capitaux ce qui n'est qu'un déplacement de capitaux. Pour répondre à ce déplacement, les matières, les bras se transportent sur les chantiers des voies ferrées, des canaux, ou des maisons en construction, et délaissent ainsi tous les autres emplois. Il y a là quelque chose de soudain, d'anormal que je ne crois pas bon en soi. Je ne crois utile que ce qui, en se faisant activement, se fait régulièrement, et dans la mesure des moyens réels d'une société.

J'estime que les vrais capitaux ne sont pas ces capitaux déplacés, détournés de leur emploi usuel, mais les capitaux provenant de l'épargne annuelle. Toutes les années, les individus qui ont travaillé fructueusement (et la Société elle-même n'est que la collection de ces individus), ont fait un bénéfice qui n'est pas dévoré tout entier, qui dès lors est économisé, et qui constitue ce qu'on appelle l'épargne sociale. C'est là le capital réel, qui ne consiste pas seulement en argent, mais en matières de tout genre, et surtout en bras, pourvu toutefois que la population ait augmenté. Mais ce capital, on ne le crée pas à volonté, on ne l'étend pas au gré de l'impatience du moment. Cette épargne annuelle, quelle en est la valeur véritable en France? Il y a vingt-cinq ans, j'ai entendu parler de cent millions par an, chiffre fort arbitraire. Aujourd'hui, j'entends parler de plusieurs milliards. Je tiens l'une et l'autre assertion comme étrangement hasardée. C'était la timidité qui parlait alors, c'est la plus folle témérité qui parle aujourd'hui.

Mais dans ce que j'ai vu depuis quelques années, j'ai aperçu beaucoup plus de capitaux déplacés que de capitaux créés, bien qu'il y en ait eu de créés, et de considérables. Mais on sent positivement qu'il y a eu des capitaux déplacés, quand on voit l'argent manquer dans les provinces chez tous les notaires, et les bras quitter les champs pour la ville.

Maintenant, je dois avouer que les établissements créés pour hâter ce phénomène m'inspirent une véritable appréhension. Ils ne sauraient créer le capital que dans une fiévreuse impatience on voudrait réunir tout à la fois, ils ne peuvent créer que des valeurs de papier, c'est-à-dire des valeurs fictives, et qu'amener, comme en Angleterre, de graves périls.

Toutefois, conduits avec prudence, ils ont à remplir l'office que voici. Ils peuvent réunir cent, deux cents millions, par exemple, ainsi que je le disais tout à l'heure, somme peu importante, quand il s'agit, comme nous l'avons vu, de douze ou quinze milliards de travaux à exécuter; puis, ils peuvent, en choisissant bien, encourager tantôt telle entreprise· tantôt telle autre, c'est-à-dire acheter et vendre leurs actions tour à tour, car s'ils se fixaient sur une seule entreprise ils en deviendraient les commanditaires, et ne recueilleraient que les bénéfices du simple actionnaire, ce qui les placerait fort au-dessous de lui, puisque ce dernier n'a point à supporter les frais d'un grand établissement de spéculation. Il faut évidemment qu'ils poursuivent des bénéfices de spéculation, et assez importants pour procurer des dividendes séduisants, et solder en outre une administration considérable.

Cela peut aller ainsi tant que la spéculation est heureuse, bien conduite, bien servie par les événements. Cela peut aller ainsi tant que les entreprises avantageuses sont en cours d'exécution. Mais supposez s'il s'agit de chemins de fer, supposez les bons chemins concédés, et les chemins secondaires restant seuls à entreprendre, dès ce moment les grands bénéfices deviennent difficiles, les chances d'erreurs deviennent plus nombreuses, et le danger commence. Alors se présentera inévitablement une alternative redoutable : ou les établissements de crédit continueront de spéculer sur la variation des actions, et ils courront toutes les chances du jeu, qui ne seront plus aussi avantageuses qu'elles l'étaient lorsqu'il n'y avait qu'à suivre pas à pas la hausse assurée des grands chemins, ou bien ils se fixeront dans la possession de certaines valeurs à l'égard desquelles ils prendront la position de commanditaires, et ils verront leur capital s'immobiliser peu à peu, et leurs ressources disponibles disparaître. Ils seront réduits ainsi au bénéfice du simple actionnaire, bénéfice qui peut suffire aux porteurs directs d'actions, qui ne saurait suffire, je le répète, à des établissements ayant à payer les frais d'une vaste administration, et condamnés à offrir de forts dividendes pour compenser par le gros revenu la solidité qui leur manque.

Ainsi le danger de ces établissements, c'est la spéculation sur les valeurs, spéculation toujours moins fructueuse à mesure que des principales entreprises on passe aux secondaires, et en outre l'immobilisation de leur capital dans telle ou telle opération, qui, fût-elle bonne, sera toujours meilleure pour les actionnaires directs que pour les actionnaires indirects.

Le danger deviendrait plus grand encore si on permettait à ces établissements de crédit industriel d'émettre du papier remboursable à vue, afin de leur procurer des ressources qui pussent suppléer à leur capital immobilisé. Il y a tel moment de méfiance où les demandes instantanées de remboursement les exposeraient à la plus complète insolvabilité.

Ces établissements n'ont donc pas l'avantage de créer le capital, que la société seule peut créer avec l'aide du temps, et leur véritable fonction, qui est de fouetter la spéculation, peut, en leur procurant des bénéfices passagers, les exposer plus tard à de grands périls, par l'immobilisation de leur capital, ou la création d'un papier en certains moments fort dangereux. Tels sont les motifs de mes craintes. Je dois reconnaître toutefois que leur conduite en France n'a ressemblé en rien à leur conduite en Angleterre, où ils ont joué scandaleusement sur toutes les valeurs avec un capital fictif, qui n'avait pas même été versé, qui ne pouvait pas l'être, et qui, lorsqu'on a voulu lui faire appel, s'est enfui, en ne laissant que l'impuissance et la ruine aux auteurs, dupeurs ou dupés, de ces folles créations.

Il n'est sans doute pas impossible que les établissements de cette nature se soutiennent en France en persistant dans une conduite extrêmement réservée, en se contentant de bénéfices qui perdront en étendue ce qu'ils acquerront en sûreté, et qui, par conséquent, devront être toujours moindres. Il y a en Belgique un établissement de ce genre, c'est la *Société générale*, qui, à force de bonne conduite, se soutient depuis près de quarante ans. Mais sa sagesse même a réduit son importance et ses bénéfices, et il ne faut pas le regretter pour elle. Une existence modeste mais assurée, vaut mieux qu'une existence brillante mais hasardée.

Telles sont, Messieurs, les considérations que j'avais à vous présenter sur cette partie du crédit qu'on appelle le *crédit industriel*. L'expérience, du reste, qu'il faut toujours consulter, a beaucoup à nous apprendre encore à ce sujet, tandis qu'elle n'a rien à nous apprendre à l'égard des banques d'escompte, chargées d'émettre la *monnaie fiduciaire*, véritables appuis du crédit commercial, seules capables de l'étendre, d'en améliorer le prix, et de répandre une monnaie de papier qui ait la solidité de l'or lui-même.

Au surplus, Messieurs, les appréhensions que j'ai exprimées sont fondées sur une disposition naturelle chez moi, c'est la préférence pour tout ce qui est solide, la défiance pour ce qui n'est que brillant, et l'aversion, surtout en affaires, pour les illusions. En fait de crédit, je vous le disais en commençant, je vous le répéterai en finissant, je n'apprécie que le vrai crédit, et j'appelle discrédit ce crédit passager qui suffit pour entreprendre les affaires, mais qui ne suffit point pour les achever. Il y a certains esprits qui, frappés de ce qui se passe chez quelques nations, chez lesquelles les crises sont fréquentes sans arrêter leurs progrès, comme l'Amérique, par exemple, voudraient nous pousser à les imiter. Personne n'admire l'Amérique plus que moi, personne plus que moi n'apprécie sa puissante vitalité. Mais ce qui convient à un peuple jeune, entreprenant, qui n'a d'ennemi sérieux autour de lui que lui-même, qui, pour avoir une grande guerre, a été obligé de se la faire en se divisant, ne convient pas à un peuple mûr, entouré d'ennemis toujours armés, qui est tenu en affaires à une régularité continue, et chez qui la banqueroute commerciale est une tache presque indélébile. Chez nous, Messieurs, la prudence, la solidité en affaires sont des conditions non-seulement de dignité, mais de succès. D'ailleurs, je l'avoue, je ne saurais trouver indifférentes les ruines, les catastrophes de famille qui signalent les crises commerciales et industrielles. Elles causent de profondes douleurs individuelles, laissent un long malaise, diminuent au dehors la confiance dans le commerce national, et sont dans le progrès social un retard qui vous laisse à grande distance des peuples rivaux. Or, Messieurs, je dirai des peuples ce qu'on dit des individus. Les jeunes gens ont du temps à perdre, les hommes mûrs en ont peu, et les vieillards point. Toute perte de temps pour ces derniers est irréparable. La jeunesse, en un mot, peut faillir; la virilité ne le peut guère, l'âge avancé ne le peut pas du tout.

Voilà, Messieurs, ce que j'avais à vous dire sur ces graves sujets. Si j'avais omis quelque point important, Monsieur le Président voudrait bien me le signaler, et je m'expliquerais avant de me retirer.

M. LE PRÉSIDENT. Me permettrez-vous, Monsieur Thiers, malgré votre état de fatigue, de vous poser deux questions, que vous pourrez résoudre par oui ou par non, deux questions qu'il a paru utile de mentionner dans l'enquête, et sur lesquelles il serait intéressant d'avoir votre réponse.

Croyez-vous que le mécanisme de la Banque de France soit supérieur à celui de la Banque d'Angleterre ?

M. THIERS. Sans aucun doute...

M. LE PRÉSIDENT. Voudriez-vous en outre nous donner votre opinion sur les causes qui ont amené la différence assez prolongée du taux de l'escompte en France et en Angleterre ? C'est un des problèmes qui dans ce moment attirent à un haut degré l'attention publique.

M. THIERS. Ce que j'ai déjà dit répond aux deux questions que veut bien m'adresser M. le Président, et au risque de me répéter, je vais résumer brièvement mon opinion sur ces deux points. L'organisation de la Banque de France me semble très-préférable à celle de la Banque d'Angleterre.

D'abord, notre Banque représente le commerce français, qui est plus prudent que le commerce anglais ; elle a ainsi le caractère du commerce qu'elle représente, et elle a l'avantage d'être beaucoup plus réservée que la Banque d'Angleterre. Dans la pratique, l'escompte se fait en France avec une sévérité extrême. La nécessité des trois signatures contribue à ce résultat, et c'est pourquoi, lorsqu'on a renoüvelé il y a vingt-cinq ans le privilége de la Banque de France, j'ai insisté pour le maintien des trois signatures, et j'ai réussi à les obtenir. Je comprends que d'autres établissements à côté de la Banque, comme le Comptoir d'escompte, par exemple, se contentent de deux signatures. Ils font le triage du papier, repoussent le mauvais, apposent sur le bon leur signature qui fait l'office de la troisième, et ils deviennent ainsi une espèce de crible, qui ne laisse arriver à notre grand établissement national que le papier à peu près infailllible.

En Angleterre, l'escompte se fait avec moins

d'attention et de rigueur. En France, on ne prendrait pas tel papier qu'accepte sans difficulté la Banque d'Angleterre. Il faut ajouter qu'en général les effets qui remplissent le portefeuille de la Banque de France sont d'une valeur moindre. La moyenne consiste en billets de mille francs, tandis que la moyenne anglaise est de beaucoup supérieure. Cela signifie que c'est le petit commerce, celui qui sans spéculer pourvoit aux besoins quotidiens de la vie, qui s'adresse à elle, et par ce motif, le portefeuille de la Banque de France est beaucoup plus sûr. Outre ces différences d'habitude, on doit tenir compte du fameux Acte de M. Peel, qui a placé la Banque d'Angleterre quant aux émissions sous l'empire d'une limite légale obligatoire.

M. Peel est une grande figure politique et historique, pour laquelle je professe le plus profond respect. Mais il faut reconnaître que l'Acte dont il a été le promoteur est généralement condamné. C'est qu'en effet, il est mal imaginé de s'imposer une limite absolue en fait d'émissions, et de s'astreindre à une proportion invariable entre le papier circulant et la réserve métallique. On fait bien d'avoir toujours en vue une certaine proportion, afin de s'en éloigner le moins possible, mais la rendre obligatoire est une précaution qui devient imprudente à force de prudence, car trois ou quatre fois on a été obligé en Angleterre de violer l'Acte de M. Peel. En France et presque partout on a adopté, pour le chiffre de l'encaisse métallique par rapport aux émissions, la proportion du tiers. Je ne la crois pas mal choisie, et on fait bien de l'avoir toujours présente, mais se l'imposer absolument n'est pas sage. C'est bien assez quand on approche de ce terme qui signale l'épuisement de la réserve métallique, c'est bien assez d'avoir devant soi ce sujet de terreur, sans y ajouter la terreur d'une limite fixe et absolue. Quand on est au-dessous du tiers, on est, et on doit être mal à l'aise, mais enfin il n'est pas dit qu'on arrivera certainement à l'insolvabilité. Avec de la fermeté, du sang-froid, des mesures bien prises, il est possible de s'arrêter. L'argent peut revenir d'ailleurs; et il revient le plus souvent. Mais fixer une limite précise obligatoire, c'est créer l'insolvabilité par avance, et se déclarer soi-même en faillite avant d'y être. En effet, à chaque crise, l'Acte de M. Peel mettant tout le monde en terreur à Londres, on en demandait la violation, et le lendemain de cette violation tous les esprits se rassérénaient, puis bientôt la crise finissait par s'apaiser peu à peu. L'Acte si rigoureux de M. Peel a été la suite des fautes que les Banques avaient commises avant lui. Il y avait décri, irritation à leur égard, et tout le monde approuva la sévérité déployée par M. Peel. Son Acte fut un acte de réaction comme on en verra toutes les fois qu'il y aura des excès commis, de quelque genre qu'ils soient. Mais il faut résister au mal sans réagir, et je crois qu'en Angleterre on finira par abolir l'Acte de 1844.

Ainsi, sous le rapport de la conduite, la Banque de France me semble avoir la supériorité, et elle l'a aussi quant à l'organisation, parce qu'elle se fait de la proportion à observer entre les émissions et la réserve métallique, un principe de prudence, et non point une règle obligatoire.

Quant à l'énorme accumulation d'or et d'argent qui se maintient chez nous à côté de la disette de métal dont souffre l'Angleterre, il y a quelque chose qui tient à la bonne conduite, et quelque chose aussi qui tient aux circonstances.

D'abord, il faut dire que l'Angleterre est habituellement notre débitrice; elle est plus, elle est le liquidateur général des nations, et elle doit ce grand rôle à l'immensité de son commerce. Beaucoup de peuples sont nos débiteurs, ils chargent l'Angleterre de payer pour eux, et d'habitude elle est doublement notre débitrice, pour elle-même et pour autrui.

Vous pouvez voir, par nos états de douane, que depuis assez longtemps nous recevons environ 400 millions de métaux précieux par an, et que nous en exportons 350 millions, tantôt plus, tantôt moins. Ce sont là, depuis beaucoup d'années, des chiffres à peu près constants. Il reste donc tous les ans 50 millions dans le pays. Le numéraire national augmente ainsi, augmente toujours, et c'est là ce qu'il y a de sérieux, et de vraiment utile dans ce qu'on appelle la *balance du commerce*. Le numéraire métallique, on peut s'en apercevoir aujourd'hui, où tant de nations sont réduites au papier-monnaie, le numéraire métallique est la grande force d'un pays. Les nations qui vivent de papier-monnaie sont, quant au commerce et quant à la puissance politique, réellement inférieures aux autres. Il suffit de passer le Rhin pour juger de la différence qui existe entre les pays où il y a une circulation métallique et ceux où il n'y a qu'une circulation en papier. Notre situation est donc bonne sous ce rapport, et il faut se garder de dédaigner les 50 millions qui, balance faite, restent tous les ans sur notre territoire.

Cette situation est devenue plus remarquable encore dans ces derniers temps. Les Anglais ont eu à souffrir de l'épizootie qui a frappé leur bétail, et actuellement même, la douane doit le savoir, ils achètent et payent immédiatement une quantité énorme de bœufs sur les côtes de la Normandie. Nous avons aussi exporté cette année, avant les inquiétudes sur l'état de la récolte, une assez forte quantité de céréales.

Il y a par conséquent beaucoup à solder, et l'Angleterre est plus que de coutume notre débitrice dans ce moment.

Une autre cause a contribué à la grande accumulation de numéraire qui s'est opérée dans les caves de la Banque de France, et cette cause, notre commerce a le droit d'en être fier. Dans les crises commerciales, qui toujours se font sentir aux dépens de la réserve métallique, il se produit le double phénomène que voici. La réserve commence par diminuer sensiblement, ce qui exprime l'embarras de la situation : puis après la situation se résout par des banqueroutes, par des souffrances, par des pertes, et il s'ensuit une longue stagnation, pendant laquelle on ne fait plus d'affaires. Le métal revient alors en abondance.

En consultant les documents émanés de la Banque de France, on voit que ce phénomène s'est produit un bon nombre de fois depuis le commencement de ce siècle, et il a consisté toujours dans ces deux circonstances : baisse de la réserve métallique pendant la crise, et, la crise passée, rapide et considérable augmentation de cette réserve, signe frappant de la stagnation du commerce.

Vous avez maintenant environ 750 millions d'or et d'argent dans les caves de la Banque de France, somme que nous n'avions jamais eue, et pourtant nous ne sommes pas au lendemain d'une crise; c'est l'Europe qui s'y est trouvée pour nous, particulièrement l'Angleterre. Chose fort honorable pour notre commerce, l'accumulation de métaux qui suit les crises s'est produite en France, et non pas en Angleterre, parce que ce n'est pas la France, c'est l'Angleterre qui a commis de graves fautes en se prêtant à la création d'établissements chimériques dont la chute était inévitable. Tous les hommes de finance vous diront, en effet, qu'en ce moment l'on aime mieux le papier français que le papier anglais, ce qui amène chez nous les métaux plus facilement qu'à Londres.

Ainsi, deux causes de la situation actuelle : 1° les Anglais ont plus à nous payer que de coutume; 2° l'accumulation de métaux qui suit les crises se produit non pas à leur profit, mais au nôtre. Il y a bien eu chez nous un peu de malaise, parce que certains établissements de crédit, tout en se conduisant mieux que ceux d'Angleterre, ont cependant éprouvé des embarras, suite de leur principe même. Mais ç'a été peu de chose heureusement, et nous avons eu 750 millions d'accumulation, tandis qu'ailleurs on manquait de métaux. Ce n'est pas là, il est vrai, un symptôme de grande activité d'affaires; il faut même souhaiter que le portefeuille de la Banque s'accroisse bientôt aux dépens de la réserve métallique. Mais c'est le signe d'une situation monétaire excellente en soi, et le signe aussi de la juste confiance que le commerce français a inspirée dans tous les temps à l'Europe commerçante.

M. le Président. Ce fait cependant est, selon vos opinions, un enseignement dont la Banque de France doit tenir grand compte lorsqu'il s'agit de se prêter à une oscillation trop rapide de l'escompte?...

Lorsque la Banque se décide à élever l'escompte, c'est qu'elle se dit : « Voilà l'Angleterre qui élève son escompte; il y a solidarité inévitable entre les deux établissements; si nous n'élevons pas le taux de l'escompte, notre numéraire sera enlevé, notre réserve métallique subira une diminution considérable; nous avons donc intérêt à élever le taux de l'escompte, afin d'éviter le départ de notre encaisse métallique pour l'Angleterre. »

Or, les faits qui viennent de se produire tendraient à démontrer que cette solidarité n'est pas toujours aussi absolue, et qu'il y a même certains cas, certaines circonstances où elle n'existe pas du tout.

La solidarité ne serait-elle pas plutôt révélée par le taux du change, qui établit que la France est créditrice de l'Angleterre : ce qui, par conséquent, rendrait indifférente l'élévation du taux de l'escompte?

M. THIERS. Les explications dans lesquelles je suis entré prouvent que mon opinion se rapproche fort de celle de M. le Président. Comme frein, comme moyen d'arrêter le mouvement de la spéculation quand il devient inquiétant, j'admets que l'élévation de l'escompte puisse être une chose bonne en soi, mais à la condition d'être employée à propos, non pas pendant la crise, mais avant la crise, et dès qu'on commence à la prévoir. Je reconnais qu'il est difficile d'agir ainsi, et qu'il faut un grand courage dans la prévoyance, parce qu'on ne manquerait pas de reprocher à la Banque d'arrêter les affaires. Le frein n'est alors employé que trop tard, et, après avoir donné des facilités quand il aurait fallu les refuser, on les retire quand il faudrait les accorder. L'élévation de l'escompte n'a donc pas beaucoup d'utilité comme frein, et elle n'en a véritablement que pour empêcher l'encaisse métallique de s'écouler chez nos voisins. Or, les circonstances, révélées surtout par l'état du change, prouvent souvent que le danger de cet écoulement n'est pas réel. Néanmoins, je le répète, on ne saurait absolument condamner les élévations d'escompte, et elles deviennent même légitimes, indispensables, si on a des métaux précieux à acheter. La Banque a quelquefois dépensé jusqu'à 14 millions de primes à la fois pour se procurer de l'or, et il est naturel que l'escompte s'en ressente. Je voudrais seulement que la Banque de France, au lieu d'élever son escompte à 10 pour cent, comme les Anglais, pût se renfermer dans une marge plus étroite, ne descendît pas au-dessous de 4, pour ne pas monter ensuite au delà de 6 ou 7 au plus. Mais en ce cas même il n'y a rien d'absolu, et ce qu'on peut conseiller, c'est de rendre ces variations aussi modérées que possible.

M. Schneider. M. le Président posait tout à

l'heure une question au point de vue de la solidarité entre les deux Banques. Or il y a, en ce moment, un grand fait : c'est la différence entre le taux de l'escompte en Angleterre et le taux de l'escompte en France ; cette différence est de 5 1/2, depuis longtemps elle était de 5. La Banque de France reconnaît elle-même qu'à l'heure qu'il est il y a indépendance complète.

Peut-on préjuger du fait actuel que précédemment la solidarité n'existait pas en réalité, et que cette solidarité, qui est complétement dénouée dans ce moment, n'a pas existé dans d'autres circonstances ?

Je ne voudrais rien préjuger : c'est seulement une question que je pose.

M. Thiers disait tout à l'heure que l'Angleterre a été plusieurs fois débitrice de la France, et qu'actuellement elle l'est dans de plus grandes proportions. Il a aussi ajouté que le papier anglais n'avait pas aujourd'hui le crédit qu'il possédait dans d'autres circonstances.

Il y a en effet, à l'heure qu'il est, grand crédit pour le papier français, et il y a une sorte de discrédit général, non sur toutes les signatures.anglaises, mais sur l'ensemble de ces signatures. Cette double circonstance d'une balance commerciale qui s'élève considérablement au profit de la France, et du discrédit momentané du papier anglais, n'explique-t-elle pas la diminution ou la non-existence de cette solidarité qui existait précédemment, et pourrait-on admettre qu'on faisait antérieurement erreur lorsqu'on croyait à cette solidarité et que la Banque de France se trompait à cet égard? Je serais bien aise d'avoir sur ce point l'opinion de M. Thiers, parce que c'est une des questions capitales à l'heure qu'il est, une des questions qui préoccupent le plus sérieusement l'industrie.

M. Thiers. Je crois que dans la situation actuelle, il y a quelque chose de tout à fait accidentel.

J'attribue cette situation, comme je l'ai déjà dit plusieurs fois, à deux causes. La première, c'est que l'Angleterre est plus fortement débitrice de la France aujourd'hui que de coutume. La seconde cause, c'est que l'accumulation des capitaux, qui est la suite ordinaire des crises, se fait en ce moment à notre profit, au lieu de se faire au profit d'autres pays. Ce sont les deux causes qui expliquent la situation actuelle. La Banque ne s'est pas précisément trompée jadis en disant qu'il y avait ordinairement entre les Banques de France et d'Angleterre une certaine solidarité, mais cette solidarité n'est pas constante. Elle peut exister si, par exemple, il s'agit de fautes commerciales, qui, étant devenues communes, ont rendu les situations pareilles. Alors les embarras étant de même nature, il peut y avoir solidarité. Il se pourrait aussi que si la disette s'étendait aux deux pays, et que les métaux s'éloignassent pour payer des grains, la situation fût encore semblable. Dans les deux cas on pourrait craindre que les embarras de l'une et l'autre Banque étant de même nature, il y eût à se garantir d'une solidarité qui deviendrait immanquable. Mais si les circonstances commerciales sont différentes comme aujourd'hui, ce qu'on appelle la solidarité ne saurait exister. Du reste, je suis tout à fait disposé à penser que l'état du change doit être consulté avec soin dans ces cas-là, et qu'il est la manière la plus sûre de juger si les capitaux, surtout les capitaux métalliques, ont tendance à se porter d'un côté ou de l'autre. Mais je le répéterai toujours, c'est une question de situation, et plutôt une affaire de tact que de principe. Seulement je persiste à croire qu'il ne faut pas regarder les variations d'escompte comme le remède à tous les maux, et que dans tous les cas il convient de les renfermer dans les limites les plus étroites possible.

M. DE LAVENAY, *commissaire général*. Je comprends qu'on puisse se demander comment l'élévation de l'escompte ramènerait par elle-même, indépendamment d'autres circonstances, de l'or dans l'encaisse de la Banque; mais n'a-t-elle pas pour effet évident, en éloignant un peu le papier de l'escompte, de ralentir les émissions, et de diminuer l'écart entre l'encaisse et les billets en circulation? Si l'on a moins de papier, c'est comme si l'on avait plus d'encaisse.

M. THIERS. Cet effet est incontestable; mais cela nous ramène à une question que j'ai déjà traitée, celle de savoir à quel point, et dans quel cas, le resserrement de l'escompte peut être utile comme frein. Je ne répéterai pas ce que j'ai dit à cet égard, et je me bornerai, en ne niant ni la légitimité ni la nécessité des variations d'escompte dans certains cas, à insister pour qu'on ne les regarde pas comme le remède à toutes les situations, et surtout pour qu'on les modère le plus possible.

M. SCHNEIDER. Il y a un élément auquel vous avez fait allusion tout à l'heure, et qui a été la cause principale des grandes crises, c'est l'achat des grains à l'étranger.

Je vous demande la permission de vous consulter sur le point de savoir si les crises alimentaires ont eu seulement pour effet l'exportation du numéraire à l'étranger, et si elles n'ont pas en outre engendré la nécessité d'une plus grande masse de ce même numéraire à l'intérieur, afin de pouvoir satisfaire à toutes les transactions minimes, en raison du prix élevé de toutes choses. Si l'on va au marché pour acheter un objet qui est deux fois plus cher qu'auparavant, n'est-on pas obligé d'avoir deux fois plus de monnaie? La représentation de toutes ces petites transactions se faisant à l'aide du numéraire ne nécessitera-t-elle pas une plus grande quantité de monnaie métallique à l'intérieur, au moment même où l'on est obligé d'en envoyer au dehors une quantité considérable ?

C'est, si je ne me trompe, le complément de l'idée émise par M. Thiers lui-même, lorsqu'il a expliqué les grandes crises qui ont eu lieu. Outre les autres raisons accessoires qui ont été déjà indiquées, n'est-ce pas parce que dans le moment présent presque tous les objets de consommation, le blé, le vin, etc., ne sont pas chers, qu'il existe une aussi grande accumulation dans les réserves de la Banque ?

M. Thiers. Sans doute, la cherté des choses dans les disettes, exigeant un plus grand emploi de la monnaie, peut exercer quelque influence sur la raréfaction du numéraire ; mais des faits certains et faciles à constater ne laissent aucun doute sur la sortie du numéraire pour les achats de grains. La Banque, par exemple, a pu constater cette sortie par celles de ses succursales qui sont à la frontière, par celle de Marseille notamment. Le doute ne saurait donc exister à cet égard, et, comme je l'ai dit, les pays les plus riches en numéraire sont ceux qui s'aperçoivent le moins, et souffrent le moins aussi de ces évasions subites des métaux précieux, heureusement suivies de prompts retours. Il faut une certaine somme de *monnaie fiduciaire,* et j'en ai dit la raison; mais ayons soin, par la manière d'organiser notre circulation, de ne pas permettre au papier de chasser le métal, qui est toujours ce qu'il y a de plus solide, en paix comme en guerre.

M. LE PRÉSIDENT. Actuellement il existe en Allemagne un mouvement d'importation qui n'est payé qu'en numéraire. Il n'y a aucun autre moyen d'échange, le papier allemand n'étant pas accepté.

M. THIERS. C'est une circonstance tout à fait exceptionnelle; mais soyez convaincus qu'un large numéraire est pour tout pays une grande force, dans la paix comme dans la guerre, et que c'est le moyen le plus sûr de traverser heureusement toutes les crises alimentaires, commerciales, politiques, et même militaires.

M. LE PRÉSIDENT. En effet, le numéraire a le grand avantage d'être une monnaie universelle, tandis que le papier se localise par la force des choses.

Messieurs les membres du Conseil ont-ils encore quelques questions à adresser à M. Thiers?

Et vous, Monsieur Thiers, avez-vous encore quelques observations à ajouter à votre déposition?

M. Thiers. Je suis loin d'avoir épuisé la matière, car on pourrait écrire de gros livres sur ces questions; mais il faut nous borner, et je crois avoir touché les points les plus essentiels.

M. le Président. Nous vous remercions des explications dans lesquelles vous avez bien voulu entrer, et que le Conseil supérieur a écoutées avec l'attention qu'elles méritent.

(La séance est levée à quatre heures et demie.)

PARIS. — TYPOGRAPHIE HENRI PLON, 8, RUE GARANCIÈRE.